Les set Bruixes Grises

Aquària - Bruixa de les Marees

Regna sobre el mar i els éssers dels abismes.

Cendràrìa - Bruixa de les Cendres

Redueix a cendres tot el que se li posa al davant.

Fogària - Bruixa de les Flames

Susceptible i venjativa, controla el foc i la lava.

Xisclòria - Bruixa dels Sons

Imita qualsevol soroll i desencadena tempestes sonores.

Etèria - Bruixa de les Tempestes

Mestressa dels llamps, té una oïda finíssima.

Sulfúria - Bruixa de l'Aire

Té un coneixement prodigiós de les aromes i essències.

Mai Anomenada

Pèrfida i temible senyora de les Bruixes Grises.

Princeses del Regne de la Fantasia

8

Textos de Tea Stilton
*Col·laboració editorial d'*Elena Peduzzi
Coordinació editorial de Patrizia Puricelli
Coordinació de textos de Benedetta Biasi
*Editing d'*Antonella Lavorato
Coordinació artística de Lara Martinelli
Disseny original de les Princeses del Regne de la Fantasia de Silvia Bigolin
Il·lustracions interiors de Silvia Bigolin
Projecte fotogràfic del Llibre de les Bruixes *de* Sara Cimarosti
amb les il·lustracions de Silvia Bigolin *i* Sara Cimarosti
Mapes de Carla Debernardi
Coberta de Iacopo Bruno
Interior de sobrecoberta de Silvia Bigolin
Projecte gràfic de Marta Lorini

A partir d'una idea original d'Elisabetta Dami
Títol original: *Strega delle Fiamme*
Traducció de M. Dolors Ventós Navés

Estrella Polar, Pedro i Pons 9-11, 08034 Barcelona
www.estrellapolar.cat
info@estrellapolar.cat
www.geronimostilton.cat

Primera edició: abril del 2014
ISBN: 978-84-9057-364-8
Dipòsit legal: B. 5.069-2014
Fotocomposició: Víctor Igual, s.l.
Impressió: Egedsa
Imprès a Espanya – Printed in Spain

Tea Stilton

La BRUIXA de les FLAMES

Estrella Polar

Personatges

FOGÀRIA

Mestressa absoluta del foc, la Bruixa de les Flames seria gairebé invencible si no fos perquè té un punt dèbil que li pot anul·lar tots els poders...

SERPENTDRACS

Aliats de Fogària, els Serpentdracs són uns éssers mig serpent mig drac. Escupen flames per la boca i expulsen ràfegues de vapor roent pels narius.

CAMINS DE FOC

Els éssers al servei de Fogària es traslladen d'un extrem a l'altre del Gran Regne per un sistema de pous anomenats Camins de Foc.

ESQUADRA DE FERRO

A la gropa dels Serpentdracs, hi munten uns sinistres cavallers amb armadura, els soldats de l'Esquadra de Ferro. Reben ordres i poders de la bruixa Fogària en persona.

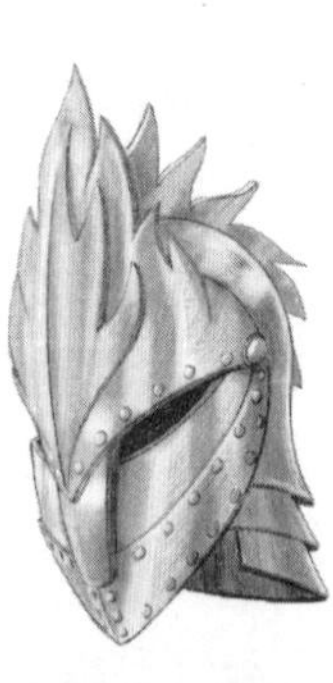

Àguiles del Desert

Són uns ocells majestuosos amb una extraordinària envergadura d'ales, les Àguiles del Desert seran una ajuda valuosíssima per a les princeses durant l'atac de Fogària.

Helgi

Qui s'amaga a Castelloblic? Pot ser que sigui Helgi el presoner secret de les Bruixes Grises? Sigui com sigui, el misteri que envolta el seu destí està a un pas de ser revelat...

Savi dels Coleòpters de color Cobalt

El Savi viu en un indret perdut del Regne dels Boscos. És el guardià dels secrets màgics i dels encanteris del bosc, que el jurament de fidelitat al rei li impedeix utilitzar. Tret que algun fet excepcional anul·li aquesta divisió...

Estimadíssims amics, on ens havíem quedat?

Ah, sí! Havíem començat a conèixer les pèrfides Bruixes Grises. Sobretot Aquària, la Bruixa de les Marees, que va assestar un perillós atac al Gran Regne per diversos fronts. Però les nostres princeses, tan valentes com sempre, van aconseguir derrotar Aquària i la seva temible Flota dels Abismes.

Però ara que Aquària està adormida a la gran piscina que hi ha a les seves estances de Castelloblic, les altres Bruixes Grises estan molt preocupades per la situació, que no se saben explicar. I estan decidides a venjar-se. I en tenen tots els mitjans. Sí, perquè la màgia que posseeixen, l'anomenada Màgia Incolora, és molt i molt poderosa. I elles estan decidides a utilitzar-la per tirar endavant el seu cruel projecte: apoderar-se del Gran Regne i esborrar-ne per sempre tots els colors.

Sí, ja ho sé: és terrible! I nosaltres farem tot el que estigui al nostre abast per ajudar les princeses a impedir-ho. És clar que seria important saber quina de les temibles bruixes assestarà el pròxim atac. O potser ja ho heu entès? Ho heu endevinat! És ella: Fogària, la roent Bruixa de les Flames, que tirarà endavant aquesta empresa amb el suport d'una colla d'ajudants molt perillosos i... incandescents.

Però ara donem un cop d'ull al que succeeix entre les parets gelades d'Arcàndida.

Veniu amb mi. El rei és allà baix, el veieu?

És aquella figura que camina amunt i avall en la seva estança del palau reial d'Arcàndida. Sembla inquiet. La reina també és amb ell. La veieu? Seu en una butaca i té la mirada fixa en el seu marit.

Si ens hi acostem una mica, potser sentirem què diuen. Però aneu-hi de puntetes, que no els voldria destorbar.

Per l'expressió preocupada del rei, sembla que parlen d'un assumpte molt seriós...

Tea Stilton

PRIMERA PART

1
Les preocupacions del rei

El rei estava inquiet. Caminava amunt i avall en un esforç inútil per calmar-se. La reina, asseguda en una butaca de vellut blau, l'observava provant d'entendre quin pensament el torbava.

—Què passa? Et veig més silenciós que de costum. Que hi ha cap problema?

—Sí. Estic preocupat.

—Per les Bruixes Grises, oi?

El rei es va aturar en sec i va dirigir una mirada còmplice a la reina: com sempre, tenia la virtut de llegir dins del seu cor.

Tant si es tractava de pensaments feliços o de preocupacions secretes, la seva esposa el comprenia sempre, sense necessitat d'explicar-ho amb paraules.

—Estic convençut que ens tornaran a atacar. La Festa del Gran Arbre, podria ser una ocasió perfecta per sorprendre'ns en el moment en què estarem més exposats i vulnerables —va respondre el rei, en to amarg.

—Tu creus que ens poden atacar avui?

—No puc descartar aquesta possibilitat.

La reina va abaixar la mirada, per amagar les llàgrimes que li començaven a lliscar pel rostre. Però aquest detall no va passar per alt al rei, que va afegir:

—No et volia espantar, i encara menys aixafar-te els preparatius de la festa. Perdona'm. Però vull que tinguis ben clara una cosa: si les bruixes tornen, no ens enxamparan desprevinguts.

La reina va assentir, esforçant-se per contenir les emocions que s'agitaven en el seu pit.

—És per això que després de la derrota d'Aquària vas voler que les nostres filles tornessin al seu regne?

—Sí. Hem d'estar a l'aguait i preparats en tots els indrets del Gran Regne. Iara va tornar al Regne dels Boscos; Kalea a Flordoblit, al Regne dels Coralls. Samah va tornar al Regne del Desert i Diamant al de la Foscor. A Arcàndida, només s'hi han quedat Nives i Gunnar.

—Afortunadament —va afegir la reina en un murmuri.

En aquell moment, un raig de sol va entrar a l'estança i va il·luminar el rei. La reina va observar com resplendia altiu amb les vestidures règies i la corona al cap.

El rei va somriure.

—Les nostres filles són sàvies i valentes. Podem comptar amb elles i amb els homes que els fan costat: Gunnar, Robí, Vannak i Kaliq. Si ens mantenim units, superarem qualsevol dificultat.

—Sí —va dir la reina—. Però hi ha un pensament que no para de voltar-me pel cap: què se'n va fer de la bruixa Aquària després que la derrotéssim?

En aquell moment van trucar a la porta.

—Endavant! —va dir el rei.

Llavors va entrar a l'estança reial Haldorr, el bibliotecari d'Arcàndida, que, sota el braç, duia un llibre molt gruixut, amb unes tapes de cuir amb ornaments repujats.

—Bon dia, sobirans —els va saludar, amb una lleu inclinació del cap.

—Bon dia tingueu, Haldorr.

—Perdoneu la molèstia, però crec que seria convenient que repasséssiu una última vegada el discurs d'inauguració de la festa. Us he portat el llibre on està escrit, per si de cas volíeu refrescar la memòria.

—Ha passat molt de temps d'ençà de l'última Festa del Gran Arbre, i mentrestant han passat tantíssimes coses, benvolgut Haldorr... —va replicar el rei, en un to lleugerament amarg.

—Comprenc la vostra preocupació, Majestat. Les bruixes no es rendiran fàcilment.

—No. Però val més que pensem en el dia d'avui. Ens hem d'alegrar pels nostres súbdits, que volen cele-

brar la generositat del Gran Arbre —va dir el rei, amb un somriure.

La reina li va dirigir una mirada impregnada d'orgull.

Llavors Haldorr va posar el llibre damunt de la taula, el va obrir i va començar a parlar:

—Tenint en compte que aquest any començarem amb l'exposició de flors i fruits vermells, us suggeriria...

Bressolats per la veu calmosa i tranquil·litzadora del bibliotecari de la cort, els pensaments de la reina van volar molt lluny, fins on eren les seves filles, cadascuna al seu regne.

Sabia que aquesta vegada no vindrien. Per al rei, havia estat una decisió dura, però necessària. I, tot i que ella hi estava d'acord, no podia evitar sentir una gran nostàlgia per les seves filles. El somni de reunir-se després de tants anys s'havia esvaït massa ràpidament. I les responsables havien estat les Bruixes Grises, uns éssers assedegats de venjança, incapaços de sentir cap remordiment per la seva crueltat. Si més no, era el que pensava la reina. Se'n sortirien, de derrotar-les? I, sobretot, a quin preu?

Potser encara havia d'arribar el pitjor.

Va plegar les mans davant del pit i va mirar per la finestra, llançant una mirada al cel clar i confiant que, almenys aquell dia, no tindrien cap sorpresa desagradable.

Però alguna cosa la turmentava. Era una sensació que li sorgia de l'estómac i se li expandia per tot el cos, gelant-li el cor i les mans. Va arronsar les espatlles i va provar de treure-se-la del damunt; després, es va esforçar per escoltar el discurs del rei. Però ell i Haldorr gairebé ja havien acabat. La reina es va sorprendre d'haver estat tanta estona mentalment absent.

—...trobo que la conclusió és massa directa, Majestat.

—Sí, Haldorr, però crec que tothom se n'alegrarà. És una decisió sàvia.

—Quina decisió? —va preguntar la reina.

El rei la va mirar amorosament. No li havia passat per alt la seva distracció.

—Hem fet una modificació al discurs. Més ben dit: hi he volgut afegir una cosa. Comunicaré als habitants del poble una novetat pel que fa al Gran Arbre.

—De debò? I de què es tracta?

—Durant l'absència de Helgi, que tots esperem i confiem que torni ben aviat, algú s'haurà d'ocupar del Gran Arbre. He pensat que ho podrien fer els habitants del poble.

—Quina idea més bona! —va exclamar la reina, somrient. Però després es va tornar a posar seriosa:— El poble és una mica lluny de la Gruta del Gran Arbre. Com ho penses organitzar?

—La persona elegida s'estarà un cert temps a la gruta, fins que no hi vagi algú per rellevar-la. Què et sembla?

—Una idea excel·lent! Per als habitants del poble serà un honor tenir cura del Gran Arbre.

El rei va estar molt satisfet de si mateix i de Haldorr.

En aquell moment, el sol va envair completament l'estança. Calia posar-se en marxa cap a la gruta: era un dia molt especial i, ben aviat, la caverna del Gran Arbre s'animaria amb l'ambient irrepetible de la festa.

2
Torbonada a Castelloblic

Mentre a Arcàndida feien els preparatius per festejar el Gran Arbre, molt lluny d'aquella contrada, entre les parets de Castelloblic, humides i entapissades de verdet, els ànims estaven molt esverats.

—Vols parar d'anar amunt i avall?! Em fas posar nerviosa! —va dir Etèria, la Bruixa de les Tempestes. Estava asseguda en una mena de sofà, esculpit en un bloc de lava solidificada, fosca i porosa.

Tot l'ambient estava immers en la penombra, només l'il·luminaven unes flametes tènues que, com brolladors de foc, sorgien aquí i allà del terra, que també era negre.

Les parets, del mateix color fosc, estaven completament despullades, mentre que al centre de l'estança hi havia un llit, que era com un gran cràter on crepitava una massa vermellosa, densa i en moviment continu, un magma on la mestressa d'aquella estança tenia el costum d'estirar-se per recuperar les forces.

Evidentment, era l'habitació de Fogària, la Bruixa de les Flames. Era ella qui caminava sense parar, recorrent l'estança a gambades. Era alta i prima, amb els cabells llargs, vermells com el foc i ondulats com les flames empeses pel vent. Duia un vestit vermell fosc, llarg fins als peus i, damunt de les espatlles, portava una feixuga capa de vellut del mateix color.

Els seus ulls ardents es van posar sobre Etèria.

—És la meva habitació, i hi camino tant com em sembla. I si no t'agrada, ja pots tocar el dos —va dir la bruixa, esbufegant vapor calent pel nas.

En aquell moment va arribar algú.

—Sembla mentida! Us passeu la vida discutint! —es va lamentar Xisclòria, la Bruixa dels Sons. Estava molt seriosa i portava a la mà un got que contenia restes d'un beuratge verdós.

—Ens portes cap novetat sobre Aquària? —va preguntar Cendrària, la quarta bruixa present, que normalment era la més silenciosa. Sempre estava molt tranquilla, tret que algú la fes sortir de polleguera. En aquell moment estava molt preocupada per la sort de la Bruixa de les Marees.

Xisclòria va fer que no amb el cap, tot sacsejant la cabellera que li emmarcava el rostre com les teranyines al voltant d'un quadre antic.

—Malauradament, no ha millorat. Sembla que dormi, però no us sabria dir quina és la seva situació real. He

provat de fer-li beure una mica de suc d'aiguamoll però, per desgràcia, no ha servit de res.

—Què li devien fer? —va preguntar Etèria.

—Ho hem d'esbrinar com sigui. No ens podem estar de braços plegats i esperar que Ella se n'assabenti.

—Que et penses que no ho sap? Que n'ets, d'il·lusa, Fogària! Ella és la senyora indiscutible de totes les Bruixes Grises. Ella ho sap tot i només espera el moment oportú per fer-se sentir —va concloure Etèria.

—Feu el favor de parlar més fluix. Podria estar rondant pels passadissos del castell —les va advertir Xisclòria, parant les orelles.

—No entenc per què hem de parlar fluix, tenint en compte que Ella ja està al corrent de tot! —va replicar Etèria.

—Voleu parar?! —va exclamar Cendrària, que era enemiga de les discussions. I va tenir un rampell de ràbia que va reduir a cendres el got que Etèria tenia a la mà.

La Bruixa de les Tempestes va contemplar, incrèdula, la sorra grisa que li relliscava per entremig dels dits i queia a terra amb un fregadís imperceptible.

—Val més que ens calmem i decidim plegades el nostre pròxim moviment —va proposar llavors Xisclòria.

—Sí. Una de nosaltres ha de passar a l'acció —va afirmar Etèria.

—I per què no totes alhora? —va replicar Xisclòria.

—Perquè no ens posaríem mai d'acord sobre l'estratègia a seguir. T'imagines què passaria si Etèria i jo poséssim en comú les nostres màgies? —va dir Fogària a Xisclòria, amb aire burleta.

—I ara! És impossible! —va replicar la Bruixa de les Tempestes—. Ens barallaríem de seguida.

—Sens dubte! Per tant, cadascuna ha d'actuar pel seu compte —les va tallar la Bruixa de les Flames, fent una mirada preocupada a Cendrària. No es podia preveure quan perdria els estreps i no volia córrer el perill que també reduís a cendres la seva estança.

—Qui serà l'elegida, aquesta vegada? —va demanar Xisclòria.

—Deixeu-me fer a mi! —va exclamar Fogària—. Si l'aigua no ha funcionat, el foc serà més eficaç. El meu exèrcit és infal·lible. Aquesta vegada obligarem el rei a entregar-nos el que ens pertoca: el poder sobre el Gran Regne.

—Decidit, doncs! —va concloure Cendrària—. Estic convençuda que no ens decebràs.

Havent dit això es va girar i se'n va anar de l'estança embolcallada en un núvol de cendres.

—Déu n'hi do, quin caràcter! —va comentar tot seguit Xisclòria.

Fogària va considerar el fet que cap d'elles es distingia pel seu bon caràcter. Però no podia ser d'altra manera: eren bruixes!

—Ara deixeu-me sola —va dir, al final, la Bruixa de les Flames—. Necessito reflexionar.

Etèria i Xisclòria van sortir de l'estança, i es van perdre en el laberint de passadissos infinits i irregulars del castell.

3
Conflictes a Terra-Rotunda

En les profunditats més pregones del Gran Regne, als salons del palau reial de Terra-Rotunda il·luminats pel centelleig de llànties i espelmes, Diamant, la Princesa de la Foscor, provava de concentrar-se en una nova creació. Es tractava d'un meravellós braçalet de safirs. Havia trobat les pedres en una zona del regne on no anava gaire sovint, més enllà de les cavernes de Castellgranit, el territori del Poble de la Foscor.

D'ençà que havia tornat al seu regne subterrani i s'havia dedicat a controlar-ne els confins, tal com havien fet les altres princeses obeint la consigna del seu pare, se sentia una mica més sola i trista. Retrobar-se amb les seves germanes havia estat molt bonic, malgrat que la reunió havia durat poc temps.

I a Diamant li va costar d'allò més reprendre la vida de sempre.

Per superar la malenconia, va decidir fer una excursió en aquell territori tan distant del palau reial, per distreure's una mica. I va trobar aquelles pedres encastades en una roca, una mica amagades, però als seus ulls experts no els va costar gaire descobrir-les.

Les va arrencar i les va portar al seu taller, on va començar a treballar-les. La seva idea era fer un braçalet per regalar-lo a Nives, la seva adorada bessona, perquè aquelles pedres li feien pensar en el color dels seus ulls, i el de les agulles de gel d'Arcàndida, quan les il·lumina el sol. El vincle entre les dues germanes bessones era especialment profund, entre elles hi havia una sintonia i una comunió que només elles sentien i comprenien.

Però la Princesa de la Foscor es va adonar ben aviat que hi havia alguna cosa que no anava a l'hora. Per molt que li agradés treballar les pedres, no aconseguia concentrar-se tant com solia.

—Ai, no! L'he fet malbé! —va exclamar de sobte, en adonar-se que havia fet un tall poc precís al costat d'un dels safirs. Va deixar damunt de la taula la lent que tenia davant dels ulls i va respirar fondo.

Per què estava tan neguitosa?

Va decidir preparar-se una infusió d'arrels del bon humor. Es tractava d'unes arrels molt especials que creixien en una zona concreta del seu regne i que els habitants de Terra-Rotunda utilitzaven per fer-ne unes infusions que asseguraven que tenien la propietat d'asserenar i tranquil·litzar. Per això la Princesa de la Foscor va anar cap a la cuina. Allà va trobar els inigualables cuiners de la cort, els Fennecs, tan ocupats com sempre. N'hi havia dos que enfornaven un timbal gegantí d'arròs amb espècies triturades que emanava una flaire que podria definir-se com a sublim.

D'un prestatge, Diamant va agafar una llauna grossa que contenia unes herbes de color violaci, en va posar dues cullerades generoses en una tassa i hi va abocar aigua calenta. Immediatament, se'n va desprendre una flaire intensament dolça i asserenadora, una barreja de vainilla, canyella i una vaga sentor d'ametlles torrades i cacau. És a dir, que aquella infusió tenia gust de coses bones i familiars. Per això l'anomenaven la infusió del bon humor.

La princesa va esperar uns minuts, després va filtrar el líquid amb un colador.

—Mmm, quina delícia! —va exclamar després del primer glop. Semblava que estigués recuperant el bon humor però, poc després, aquella desagradable sensació de tristesa i neguit que havia experimentat mentre treballava les seves pedres es va tornar a manifestar.

Diamant en va beure uns quants glops més, confiant fer tornar aquelles sensacions al lloc d'on havien vingut, però no hi va haver res a fer. Era més fort que ella.

Va deixar la tassa i se'n va anar al seu dormitori. Quan va obrir la porta va sentir la respiració regular de Robí, el seu marit, que encara dormia, tranquil. Va decidir no destorbar-lo, més que res perquè no sabia quina mena d'ajuda li havia de demanar.

Llavors se li va ocórrer que li aniria bé fer una passejada i es va dirigir a una de les portes del palau reial, va sortir pel portal de pedra decorat amb baixos relleus i va saludar amb un gest els dos talps que estaven de guàrdia.

En aquell moment, una gran papallona blanca va aparèixer per la seva esquena.

—Em vols acompanyar? —li va preguntar la princesa, tranquil·litzada per aquella presència.

La papallona va bategar les ales tres vegades, en senyal afirmatiu. Diamant va somriure, i va començar a caminar.

Va embocar una galeria i va avançar força estona per aquell camí. No sabia cap a on es dirigia, però la meta no era important; el que la impulsava era espolsar-se aquella sensació tan desagradable que no la deixava en pau.

Va caminar per un tram molt llarg, després va tombar per una galeria de la dreta que feia una lleugera pujada. Diamant avançava amb seguretat en la penombra.

De sobte, va notar una cosa estranya en l'ambient: era una olor acre, com de socarrimat.

—Què deu ser? —va preguntar a la papallona.

El bell insecte va iniciar un vol cap endavant, però alguna cosa el va frenar. Diamant va comprendre immediatament de què es tractava: l'aire s'havia tornat molt calent, com si un ventall gegant el fes arribar directament d'una llar de foc encesa. Després es va tornar a refrescar.

La princesa va decidir anar una mica més endavant,

per esbrinar de què es tractava, quan la va envestir una segona ràfega, encara més roent que la primera.

Es va protegir la cara amb una mà i va dir a la papallona:

—Espera'm.

La papallona la va obeir i va volar uns quants metres enrere, fins que va trobar un sortint en la paret de roca, on es va posar.

Diamant va avançar al llarg de la galeria aprofitant una treva del vent càlid. Va arribar a una cruïlla i, mentre rumiava quin camí havia d'agafar, la va envestir una tercera ràfega, molt més calenta i forta.

Es va repenjar a la roca per subjectar-se, i llavors es va fixar que hi havia una cosa a terra: eren uns esquinçalls de tela de color verd clar. En va agafar un i el va fregar amb les puntes dels dits. Estava calent, com si acabés de sortir d'un forn, i els extrems estaven socarrats. Mentre examinava aquell tros de tela, li va semblar veure-hi uns signes. La Princesa de la Foscor va acostar la tela a una torxa,

per veure-s'hi més bé, i llavors es va adonar que, en realitat, aquells signes eren uns escrits mig esborrats per la cremada.

Diamant va provar de desxifrar el poc que encara s'hi podia llegir:

—...mpte ...mb ...gària.

Què significava, allò? En va agafar un altre esquinçall. També hi havia el fragment d'una frase:

—...preson.

I després:

—Cam... ...oc.

Semblava un missatge. Però era impossible comprendre què significava. Va decidir agafar els tres esquinçalls de tela i tornar cap al palau reial.

Ho havia d'explicar tot a Robí.

4
Un indici important

Diamant, seguida de la seva fidel papallona, corria per tornar al més aviat possible al palau reial. Les ràfegues d'aire calent s'havien espaiat, però no havien cessat del tot. La princesa va decidir agafar un altre camí, confiant que la tornada li resultés més fàcil.

Afortunadament, la va encertar. Va embocar una galeria que conduïa al palau reial passant pels Gorgs Multicolors i allà l'ambient era més fresc i ventilat.

Però quan Diamant va arribar als Gorgs Multicolors, al cap d'uns minuts, se li va gelar la sang a les venes: aquell indret, que normalment il·luminaven tot de reflexos acolorits, tenia un aspecte apagat i esmorteït, i havia quedat reduït a un ambient gris i uniforme.

La princesa es va acostar per donar-hi un cop d'ull i va descobrir, horroritzada, que l'aigua dels gorgs s'havia tornat d'un color gris clar, cosa que no havia succeït mai al seu regne. Pensant-ho bé, hi havia una altra cosa que tenia la mateixa etèria tonalitat blau-grisa: la boira que acompanyava la Bruixa de les Marees i la seva flota de vaixells fantasma.

Què els devia haver passat, als gorgs?!

Va acostar una mà a la superfície, però, tot just el temps de tocar-la, que ja la va haver d'apartar immediatament.

Cremava!

Els Gorgs Multicolors eren famosos en tot el regne per la tebior de les seves aigües sanitoses. Però ara tenien una temperatura excessiva, com si una foguera immensa els escalfés per sota!

Els gorgs emanaven uns vapors gairebé insuportables que van obligar la princesa a allunyar-se'n.

Ara sí que Diamant estava espantada de debò. Primer, aquelles estranyes ràfegues de vent incandescent, després els esquinçalls de tela socarrimats amb uns fragments d'escrits, i ara descobria que els Gorgs Multicolors s'havien tornat grisos i roents. Tot plegat era realment insòlit, i havia de tornar a casa al més aviat possible per demanar ajuda.

~ * ~

Diamant va arribar al palau reial de Terra-Rotunda amb la velocitat d'un llamp. Robí era al saló del tron, parlant amb Sequí, el preceptor de la cort. Quan la va veure, va esbatanar els ulls i la boca amb un gran somriure i va dir:

—Per fi! Ja no sabíem on més buscar-te!

Però el somriure se li va esborrar de cop quan es va adonar de l'expressió trasbalsada de Diamant. Semblava esgotada, com la papallona que voleiava a la seva esquena, bategant convulsivament les ales.

La princesa va recuperar l'alè i va demanar un got d'aigua abans de començar a relatar els fets.

Robí la va fer seure i es va disposar a escoltar-la.

—Estan passant unes coses molt estranyes, Robí.

—Ànims! Explica-m'ho tot!

—Com que aquest matí no em podia concentrar en res, me n'he anat a fer un tomb, com faig sovint. Però, de sobte, mentre caminava, m'ha envestit una ràfega de vent. Era abrusadora. I n'han seguit una segona i una tercera, molt més fortes, encara.

—De vegades passa. Hi ha corrents que pugen de les profunditats de la terra, dels llocs més roents i desolats... —va provar d'explicar-li Sequí.

—Sí, però resulta que no venia de baix, sinó de dalt. I era una calor insuportable. Però això no és tot.

Els ulls i les orelles dels seus oients es van agusar encara més.

—L'última ràfega arrossegava això —va dir Diamant, traient de la butxaca els esquinçalls de tela.

Sequí i Robí els van observar amb una gran atenció.

—Les vores semblen cremades —va dir el Príncep de la Foscor.

—Hi veig unes lletres, hi ha alguna cosa escrita! —El preceptor va agafar els esquinçalls i es va posar a estudiar-los, gratant-se el cap amb una expressió graciosa.

Llavors, Diamant va reprendre el seu relat:

—Hi ha una altra cosa que heu de saber. Quan tornava a palau, he passat pels Gorgs Multicolors i hi he notat una cosa estranya. Els gorgs s'han tornat grisos, com si tots els colors s'haguessin destenyit. I l'aigua està roent.

—Potser tot plegat està relacionat amb aquestes ràfegues tan estranyes que comentaves.

—Sí, però com? Què està passant?

—Fa de mal dir —va dir Sequí—. Però és evident que

aquesta tela prové d'un vestit. Fixeu-vos: hi ha restes d'un cosit. Es podria tractar de l'orla del puny d'una màniga. Coneixeu algú que tingui un jaquetó semblant?

Diamant i Robí van fer que no amb el cap.

—Potser hauríem d'anar a Arcàndida i parlar-ne amb els meus pares —va dir la Princesa de la Foscor.

—Hi estic d'acord. Tots junts farem una posada en comú d'idees i decidirem què cal fer —va dir Robí.

—Disculpeu-me, princesa, però us recordo que avui,

al Regne dels Gels, hi celebren la Festa del Gran Arbre. Val més que aneu a la Gruta de l'Arbre, perquè és més probable que trobeu els vostres pares allà que no pas al palau reial d'Arcàndida.

—Gràcies, Sequí! Me n'havia oblidat.

El preceptor va somriure i després es va afanyar a afegir:

—Amb el vostre permís, mentre sigueu fora portaré a terme una investigació als gorgs i a les galeries del regne per veure si esbrino res més. Demanaré ajuda al Poble de la Foscor.

—És una idea excel·lent. Envieu-me un missatge si teniu cap novetat.

—És clar, per descomptat... —va concloure el preceptor—. Us desitjo un bon viatge i doneu molts records al rei i la reina.

Després d'acomiadar-se, Sequí va sortir del saló.

—No passis ànsia —va dir Robí a Diamant, que encara estava molt trasbalsada—. Em tens a mi. I et protegiré mal que em costi la vida.

I llavors la va abraçar amb tot l'amor que sentia per ella; l'amor que l'havia impulsat a superar mil obstacles per poder ser al seu costat per sempre.

Ella va tancar els ulls, tranquil·litzada per aquella abraçada tan forta i alhora tan tendra.

—Anem passant. Tinc la sensació que no podem perdre gaire temps —va concloure Diamant, que mirava Robí amb dolcesa.

En un tres i no res, els Prínceps de la Foscor van preparar el viatge i van partir en direcció al Regne dels Gels.

5

Una gran festa!

La gruta que albergava el Gran Arbre era plena de gom a gom. Hi havia els habitants del poble, el rei i la reina, Nives i Gunnar, i tota la cort en pes. Només hi faltaven alguns llops que Gunnar, prudentment, havia deixat fent guàrdia al palau reial.

Tothom semblava divertir-se, entre les taules parades amb tota mena de requisits i sucs de fruita dolços i escumejants obtinguts esprement tot allò que l'arbre donava cada dia.

Les dones del poble s'havien passat una setmana sencera a la cuina, preparant terrines de verdura amb herbes, pastissets de peix, puré de bròquil picantíssim i farcellets de xai farcits amb algues bullides. D'aquestes últimes n'hi havia en abundància a les costes gèlides del regne, i eren especialment gustoses.

Les cuineres de la cort, Arla i Erla, s'havien encarregat dels pastissos. N'havien cuit una trentena mentre discutien animadament sobre cadascun dels ingredients i, fins i tot, sobre quines formes calia utilitzar. El resultat havia estat, com sempre, absolutament deliciós.

El Gran Arbre sorgia entre la multitud dels assistents a la celebració com un gegant bo que domina i protegeix tothom. Allargava les seves branques esponeroses i carregades de fruita per damunt dels caps de les persones com si, d'alguna manera, també volgués participar a la festa. Tot anava de primera, per això el rei va decidir que ja havia arribat el moment de fer el seu discurs.

Es va aixecar i va demanar atenció.

Immediatament, totes les veus van callar i es va fer un silenci absolut a la gruta.

—Amics propers i llunyans, a tots vosaltres us dedico el meu agraïment més profund per la vostra assistència, tan nombrosa. Em sento més feliç que mai per trobar-me aquí per retre homenatge al Gran Arbre, que té la generositat d'oferir-nos tota mena de flors i fruits meravellosos sense demanar res a canvi.

Hi va haver un aplaudiment general.

Després, el rei va reprendre la paraula i va fer el discurs que havia repassat poc abans amb Haldorr.

Al final, va afegir les paraules que havia redactat ell:

—Abans d'acabar, us he de dir una altra cosa, no menys important que les que heu sentit fins ara. Molts de vosaltres ja us deveu imaginar de què es tracta, perquè les veus viatgen ràpidament d'un extrem a l'altre del Gran Regne. Jo no us vull amagar res, prou que ho sabeu. Ens trobem en una situació molt delicada... La pau del Gran Regne, que vam reconquerir tan fatigosament després de la derrota del Príncep sense Nom, torna a córrer perill. Una nova amenaça es perfila a l'horitzó i porta la firma de les Bruixes Grises, uns éssers despietats que tenen un únic objectiu: venjar-se d'un greuge antic i sotmetre el Gran Regne amb la seva màgia. Amics meus, us demano que estigueu sempre alerta perquè, encara que hàgim vençut la primera batalla contra Aquària, la Bruixa de les Marees, la guerra continua, i no sabem si assestaran un nou cop ni quan tindrà lloc.

—Estem amb vós, Majestat! —va cridar una veu masculina enmig de la multitud.

—Sempre us farem costat! —va dir una segona veu.

Un cor de veus va confirmar el suport unànime dels

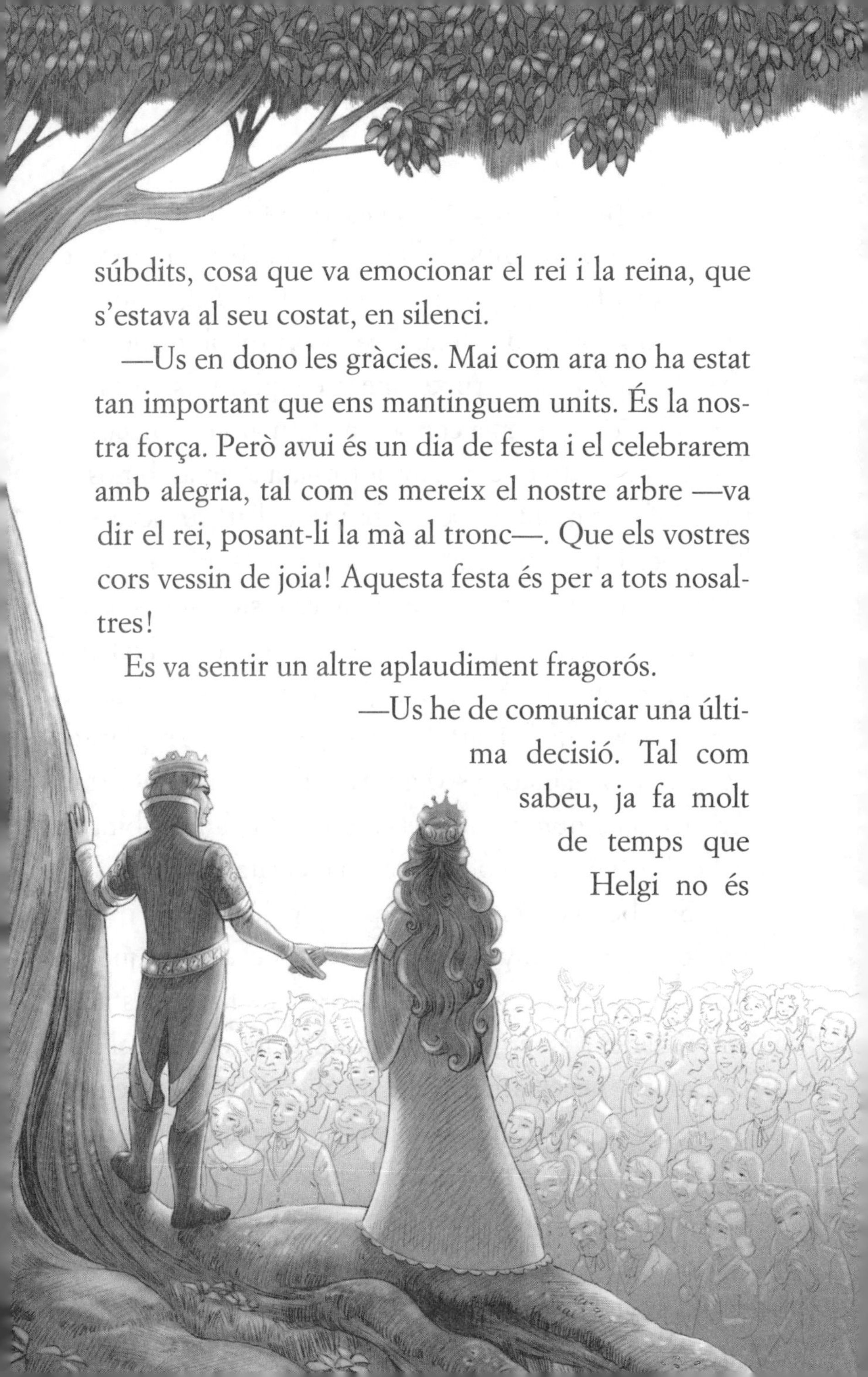

súbdits, cosa que va emocionar el rei i la reina, que s'estava al seu costat, en silenci.

—Us en dono les gràcies. Mai com ara no ha estat tan important que ens mantinguem units. És la nostra força. Però avui és un dia de festa i el celebrarem amb alegria, tal com es mereix el nostre arbre —va dir el rei, posant-li la mà al tronc—. Que els vostres cors vessin de joia! Aquesta festa és per a tots nosaltres!

Es va sentir un altre aplaudiment fragorós.

—Us he de comunicar una última decisió. Tal com sabeu, ja fa molt de temps que Helgi no és amb nosaltres. La seva missió als confins del Gran Regne ha resultat més difícil i llarga del que havíem previst.

El rei va fer una pausa. Ja feia massa temps que no rebien cap notícia de Helgi. Era molt probable que l'haguessin capturat les bruixes mentre espiava els seus moviments. Però no tenia cap sentit alarmar la població.

—Us prometo que ben aviat tornarà a ser amb nosaltres. Però, durant la seva absència, l'arbre necessita l'atenció d'unes mans amoroses per conservar la salut. Per tant, desitjo que d'ara en endavant sigueu vosaltres, homes i dones del poble, els qui us ocupeu d'ell per proporcionar-li les atencions que siguin necessàries.

Hi va haver un instant de silenci, el qual van seguir tot de crits i exclamacions d'alegria. Tenir cura del Gran Arbre era un honor immens i inesperat per als habitants del poble, i el van acollir amb una felicitat immensa.

—Sóc ben conscient —va prosseguir el rei— que el poble és força lluny d'aquí. Per això he decidit que les persones que, per torns, tinguin cura de l'arbre estaran autoritzades a albergar-se a la gruta, amb tendes o el que considerin necessari. D'aquesta manera no es veuran obligades a fer llargues caminades diàriament i podran gaudir dels efectes benèfics del clima de la gruta... a més dels deliciosos fruits de l'arbre.

El poble estava exultant i va aclamar el rei i tota la seva família. Aquella diada, la recordarien sempre més.

~ * ~

Diamant i Robí pujaven en direcció a l'extensió gelada del Regne dels Gels.

Després de la reunificació dels Cinc Regnes en un sol Gran Regne, tots els passatges màgics, que fins aquell moment només coneixien les princeses i que els utilitzaven en una sola direcció, havien estat oberts i ara es podien recórrer en totes dues direccions. Però molt poca gent estava al corrent de la seva existència. El rei no volia que tothom conegués aquells passatges perquè, tot i que per una banda els considerava molt útils, per l'altra creia que podien ser extremament perillosos si els utilitzaven persones poc dignes de confiança i per a fins equivocats. És per això que els missatgers, que havien de portar notícies d'un cap a l'altre del regne, de vegades havien de fer un llarg recorregut per vies més convencionals.

Pel que fa a Diamant i Robí, haurien pogut recórrer en sentit invers el passatge que va del Fossat Enfervorit d'Arcàndida fins a les profunditats del Regne de la Foscor; però, si haguessin fet aquesta ruta, haurien arribat directament a la cort, mentre que ells, per reunir-se al més aviat possible amb el rei i la reina, havien d'intentar arribar a la Gruta del Gran Arbre abans no s'acabés la festa.

—Tinc entès que hi ha un camí que porta de dret cap a un dels tres volcans del Regne dels Gels, no gaire lluny de la Gruta del Gran Arbre —va dir Diamant—. Una antiga drecera que utilitzaven fa molt de temps els buscadors de sal del Regne dels Gels.

—Ara que hi penso: una vegada, rondant per aquestes galeries, vaig topar amb una que era molt més càlida que les altres. I tenia les parets molt fosques...

—Vols dir com si fossin de lava?

—Exacte!

—Llavors podria ser aquella d'allà baix —va dir la princesa, assenyalant una galeria.

—O aquella —va replicar Robí, assenyalant cap a l'altre costat, on hi havia una galeria molt semblant, que il·luminava una estranya llum vermellosa.

—Anem a donar-hi un cop d'ull.

Diamant s'hi va abocar de seguida i va notar un aire abrusador; era tan calent que li costava respirar. El més estrany era que la galeria semblava que s'acabés de seguida. La princesa va avançar amb cautela, protegint-se la boca i el nas amb la gira del vestit.

Una gran festa!

Quan va arribar al fons es va adonar que s'havia equivocat: la galeria continuava, oi tant que sí!, però cap amunt i cap avall, en sentit vertical, com un pou. Quina mena de recorregut era, aquell?

—Les parets són més vermelles del normal —va observar Robí, sorprès.

—No havia vist mai res de semblant, n'estic segura, ni en persona, ni als mapes. Per ser-te sincera, tot plegat no em fa cap gràcia.

—Toquem el dos. Em sembla evident que no és el camí que buscàvem.

Van recular. Diamant continuava angoixada per aquella sensació desagradable que no li donava treva.

Van embocar l'altra galeria i van caminar una estona abans que comencés a fer pujada.

El trajecte era esgotador, però, al final, els Prínceps de la Foscor van entreveure una claror que al començament era dèbil, però després va anar augmentant d'intensitat. Al final de la pujada, es van trobar en una sala àmplia i calentíssima, que sacsejaven unes sotragades lleus, com d'un terratrèmol.

Eren a un pas de la cambra magmàtica del Gran Volcà!

6
Una arribada inesperada

La Festa del Gran Arbre estava en ple apogeu quan Diamant i Robí van fer la seva aparició. Una dona del poble es va adonar de la presència de la Princesa de la Foscor. Així que la va veure li va fer una profunda reverència. Només l'havia vist una vegada, el dia del casament de les princeses, però no de tan a prop; per això ara li va sorprendre l'extraordinària semblança amb Nives.

—Princesa Diamant! —va exclamar.

En sentir aquelles paraules, dos homes que estaven conversant es van girar per mirar. I també unes altres persones, formant una reacció en cadena que al final va cridar l'atenció del rei, la reina, Nives i Gunnar.

Els ulls del rei i els de Diamant es van trobar de seguida i, sense que calguessin les paraules, es van transmetre el missatge de la profunda preocupació que Diamant venia a comunicar.

El sobirà s'hi va acostar, seguit de la reina. La multitud s'apartava per deixar-los passar.

—Filleta! —va dir—. M'alegro de veure't!

El rei era ben conscient que si Diamant i Robí havien abandonat el Regne de la Foscor, ho devien haver fet per un motiu molt vàlid. Però, de moment, era prematur alarmar la població, que estava gaudint de la festa.

—Pare! Mare! —va exclamar Diamant.

Després va córrer a abraçar Nives, i després la tieta Berglind i les dues cosines: Thina i Tallia.

—Hem de parlar —va dir al seu pare.

El rei els va conduir a ella i Robí fins a un racó tranquil i els va demanar que li expliquessin el motiu de la visita. La reina, Nives i Gunnar també s'ho escoltaven amb la màxima atenció.

Al final del relat, Diamant es va treure de la butxaca de la capa els esquinçalls de tela i els va ensenyar a tots.

Així que els va veure, el rei va tenir un sobresalt.

Tots el van mirar, preocupats.

—Són del jaquetó de Helgi! —va explicar.

Ningú es va atrevir a parlar fins que ell no va reprendre la paraula:

—El duia el dia que va marxar d'Arcàndida per portar a terme la seva missió. Compreneu què significa, això? Que és molt possible que encara sigui viu!

—Aquestes lletres podrien formar part d'un missatge que, d'alguna manera, ens volia fer arribar.

—Però des d'on? I com és que els esquinçalls de tela tenen les vores cremades? —va preguntar Diamant.

El rei els va agafar per mirar-los de més a prop. I va llegir en veu alta els fragments de paraules:

—...mpte ...mb ...gària. —I a continuació:— ...preson. —I per acabar:— Cam... ...oc.

Quan va acabar de llegir-ho, va dir:

—Feu venir Haldorr!

El bibliotecari s'hi va presentar immediatament i no va perdre el temps.

—Hi està implicada Fogària —va afirmar, segur.

—Ho sospitava.

—Majestat, crec que el primer esquinçall ens vol cridar l'atenció sobre Fogària.

—És la Bruixa de les Cendres! —va dir Nives.

—No, Nives, és la Bruixa de les Flames —va replicar el rei.

—Per això està cremada la tela! —va exclamar Nives.

—Voleu dir que la transformació dels Gorgs Multicolors ha estat obra seva? —va demanar Diamant.

—Temo que sí. Els Gorgs s'han tornat grisos com la Màgia Incolora, que esborra els colors i la vida —va observar Haldorr.

—Tens tota la raó. I Fogària té un poder enorme, que es nodreix de foc i calor —va explicar el rei—. Per això és tan perillosa.

—Pare, tu creus que hem d'esperar un atac imminent d'aquesta bruixa?

El rei va assentir.

—Sí, però aquesta vegada tenim més possibilitats.

—Què voleu dir? —va preguntar el vell bibliotecari.

—Que ara podem consultar el Llibre de les Bruixes.

—Però només ho pot fer Kalea.

—Ja ho sé. Per això és urgent convocar-la a Arcàndida. Ara mateix!

—Torno a palau i li envio les foques missatgeres —es va oferir la reina.

—Gràcies, però trigarien massa temps a arribar-hi. Tenint en compte que es tracta d'una situació excepcional, recorrerem a una solució alternativa.

La reina, acompanyada per Gunnar i Nives, va marxar immediatament cap a palau. Ja sabia què calia fer.

—Tenim el deure d'avisar la població. Però sense espantar-la! —va dir el rei a Diamant.

Llavors el rei, Diamant i Robí van tornar a la festa i van anunciar que havien de partir immediatament. La gent va escoltar les paraules del rei. Després, tots van afirmar a cor:

—Estem amb vós!

Tant d'amor i lleialtat per part del seu poble va infondre una gran esperança al cor del sobirà, que semblava destinat a no tenir pau.

Després, muntats a la gropa dels llops blancs, el rei i els Prínceps de la Foscor van iniciar la cursa en direcció a Arcàndida a través de la planura glaçada, que brillava més que mai.

7
Un missatge important!

La Princesa dels Coralls recollia conquilles per compondre un quadre que pensava regalar a la seva mare, quan va albirar alguna cosa en la línia blava de l'horitzó, entre el cel i el mar. Semblaven uns ocells molt grossos que s'acostaven ràpidament.

Al cap d'uns minuts, quan ja eren més a la vora, es va adonar de què es tractava: eren les gàrgoles de la Roca de la Son, les mateixes que, un temps enrere, el rei havia desvetllat perquè portessin la família reial a casa després del duel amb el Príncep sense Nom.

Kalea, molt sorpresa, es va demanar què les portava a Flordoblit, al Regne dels Coralls.

Ho va descobrir uns instants més tard quan, després

d'aterrar a la sorra blanca i flonja, aquells éssers de pedra li van entregar un missatge.

Estava escrit en un pergamí enrotllat. Kalea va reconèixer tot seguit la cal·ligrafia de la seva mare. La Princesa dels Coralls va pensar que si la reina havia confiat el missatge a les gàrgoles és que era realment urgent; les foques, que eren les missatgeres oficials d'Arcàndida, haurien trigat massa temps a portar-lo. Per tant, sense més preàmbuls, el va llegir.

Estimada Kalea, perdona'm que t'ho digui tal com raja, però correm perill i no podem perdre temps. Ens fa por que no hi hagi un nou atac de les Bruixes Grises. Vine

immediatament a Arcàndida, et necessitem: ets l'única que pot consultar el Llibre de les Bruixes.

La mare.

Kalea el va rellegir dues vegades i després va tornar corrent a palau cridant:

—Kaliq! Kaliq!

El jove estava estudiant les fulles d'unes plantes de tija curta que havien estat colonitzades per uns puntets vermells. Després d'una observació atenta, es va adonar que, en realitat, aquells puntets eren uns insectes minúsculs. Kaliq, que havia estat un gran estudiós de la botànica a l'Acadèmia del Regne del Desert, buscava un mètode per neutralitzar l'acció d'aquells paràsits sense perjudicar el desenvolupament de les plantes.

—Què ha passat? —va preguntar en veure comparèixer la princesa, molt trasbalsada, amb un paper a la mà.

—És un missatge de la mare. Vol que vagi immediatament a Arcàndida. Es veu que les Bruixes Grises preparen un nou atac!

—No és possible!

—Sí que ho és.

—Però...

Abans que Kaliq pogués completar la frase, la Princesa

dels Coralls, empesa per una determinació que el va sorprendre, li va preguntar a boca de canó:

—M'hi acompanyes?

—És clar. No et deixaria marxar sola, mai de la vida!

Kalea va assentir amb un somriure. Després va anar corrents cap a la cuina de palau per avisar Emiri, el cuiner de la cort, de la seva partença. Sabia que, si ho deia a Purotu, el noi hauria fet mans i mànigues per acompanyar-los, i no el volia exposar a més perills. Ja n'havia corregut prou i massa amb la bruixa Aquària, quan va caure al gèlid Mar dels Camins i l'havia pescat el vaixell del capità Buhl. Kalea va passar uns moments terribles, creient que l'havia perdut per sempre.

—Li sabrà greu —va comentar Kaliq.

—Ja ho sé, però ho faig pel seu bé. A més, no trigarem a tornar; vaja, això espero!

Kaliq no semblava gaire convençut. Però no era el moment oportú per convèncer Kalea per implicar l'intrèpid Purotu. Es va estimar més deixar-ho córrer, tot i que en el fons del cor sabia que el noi no trigaria gaire a descobrir la seva partença. I a reaccionar en conseqüència.

Mentre meditava sobre el caràcter intrèpid (i una mica irresponsable) de Purotu, Kaliq no s'havia adonat que, seguint el pas ràpid de Kalea, ja havia arribat a la Badia Blanca.

Allà, la Princesa dels Coralls va cridar l'orca Garcia. La seva fidel amiga s'hi va presentar en un tres i no res. Els va oferir la gropa a ella i Kaliq i, quan ja hi havien muntat, va emprendre rabent la ruta d'Arcàndida.

—Ja ets aquí! —va dir la reina quan la va veure arribar. I després també va fer una abraçada al Príncep dels Coralls.

—He vingut al més aviat possible. Però, digue'm, on són els altres?

—Tots t'esperen al Saló de les Espurnes.

—Què esperem, doncs?! Anem-hi!

Tots tres junts van fer cap al saló on s'havia reunit la família reial.

—Filleta! —va exclamar el rei eixamplant els braços i obrint els llavis en un somriure.

—Pare! —va dir ella, i va córrer als seus braços.

Després la van saludar Nives, Diamant i tota la resta de persones presents al saló.

Però no era un moment oportú per entretenir-se en salutacions.

—La situació és preocupant —li va dir el rei.

—Què ha passat? Expliqueu-m'ho!

—Aquesta vegada es tracta de Fogària, la Bruixa de les Flames —va precisar Nives.

—N'esteu segurs?

—Els primers senyals han tingut lloc a Terra-Rotunda: aigua bullent, vents abrusadors i, sobretot, això... —va dir Diamant mostrant-li els esquinçalls de tela.

Kalea els va observar amb uns ulls com taronges.

—Estic segur que pertanyen al jaquetó de Helgi. Hi

ha escrita alguna cosa a la tela, potser un missatge que ens volia fer arribar —va dir el rei.

—I que Haldorr ha interpretat identificant el nom de la bruixa Fogària —va concloure la Princesa de la Foscor.

—Per tant, l'únic que ens falta fer és consultar el Llibre de les Bruixes...

—...i preparar-nos per al nou atac —va dir Nives.

Kalea va fer una mirada a l'armari on estava desat el llibre. Després va agafar la clau que li allargava Haldorr i la va introduir al forat del pany.

El pany va girar amb un soroll metàl·lic. El llibre era dins del sac, immòbil. La Princesa dels Coralls el va agafar amb totes dues mans.

Tots els ulls estaven concentrats en aquella escena. Totes les esperances estaven posades en Kalea.

La jove va tancar els ulls i va desitjar de tot cor que el llibre no li gastés cap broma pesada. Després, el va posar a terra.

8
Les respostes del Llibre de les Bruixes

El Saló de les Espurnes s'havia creat un silenci irreal, un silenci més expressiu que les paraules, que restaven immòbils al fons del cor de tots els presents.

La Princesa dels Coralls va clavar la mirada al llibre que havia deixat a terra, es va concentrar en la resposta que volia obtenir, i de sobte... el llibre es va obrir de bat a bat.

Kalea no va perdre el temps; es recordava prou bé de com n'era de malintencionat i traïdor, aquell llibre, que sovint es tancava de sobte, sense donar-te temps per trobar el que buscaves.

—*A la lava hi ha forjat el seu cor encès de venjança...*

—I més avall—: *Fogària, la Bruixa de les Flames que no et deixen cap escapatòria possible, colèrica, implacable, tret que li trobeu el punt dèbil...*

Kalea estava a punt de llegir les paraules successives quan, de cop i volta, el llibre es va tancar.

—Ja hi tornem a ser! —va exclamar, contrariada.

El llibre no es va bellugar.

—S'ha tancat! —va observar Nives.

—I ara què? —va preguntar Diamant.

—Farem bon ús de la poca informació que tenim —va fer el rei.

Però la resta de presents no semblaven gaire convençuts. Sobretot Kalea. La princesa va tornar a tancar els ulls i es va concentrar profundament. I el llibre es va tornar a obrir.

Ella es va afanyar a robar-li més frases amb la mirada:

—*...Els Serpentdracs i les Esquadres de Ferro avancen inexorablement pels Camins de Foc, en les profunditats de la terra...*

I el llibre es va tornar a tancar.

Kalea va provar d'obrir-lo novament, però no se'n va sortir. Era molt probable que, de moment, s'haguessin de conformar amb les escasses informacions que havien aconseguit obtenir.

—Què són els Camins de Foc? —va preguntar Gunnar al rei.

Haldorr li va respondre la pregunta:

—És una complexa xarxa de camins i passadissos subterranis, molt escabrosos i difícils de recórrer per qui no en sigui un expert.

—Com els que hi ha a la rodalia de Terra-Rotunda? —va demanar Diamant.

El bibliotecari va fer que no amb el cap.

—No ben bé, princesa. Més aviat són uns pous per on passen unes ràfegues d'aire abrusador i que comuniquen diverses zones del Gran Regne, i van a parar a punts diferents, que solen coincidir amb volcans i brolladors d'aigua bullent.

—És a dir, que allò que hem vist quan veníem cap aquí era un Camí de Foc! —va exclamar Robí.

—Expliqueu-vos més bé —els va exhortar el rei.

—Quan pujàvem cap a Arcàndida, tot d'un plegat, ens hem fixat en una galeria que semblava diferent de les altres. La recorria un vent abrusador i tenia unes parets de color vermell fosc. Però el que m'ha cridat més l'atenció és que tenia una característica que no havia vist mai: no seguia un pendent costerut però horitzontal, sinó que era un pou perfectament vertical!

Tothom es va quedar sense paraules.

Tots llevat de Haldorr.

—Princesa Diamant —va dir amb un aire completament absort—, amb el vostre permís m'agradaria tornar a veure els esquinçalls de tela que heu trobat a Terra-Rotunda.

Durant un instant, Diamant es va quedar desconcertada, però després va fer el que Haldorr li havia demanat i es va treure de la butxaca del vestit els tres fragments socarrimats.

Després d'examinar-los atentament, al bibliotecari se li va il·luminar el rostre:

—És clar! Ja ho entenc! Tot quadra.

Els presents se'l van mirar, molt pàl·lids.

—En aquest fragment hi ha escrit «Cam... oc». A hores d'ara... No us diu res, això?

Nives s'hi va acostar i va dir:

—Oi tant! Podria significar «Camins de Foc»!

—Exacte, princesa! —va dir Haldorr—. Hi ha massa coincidències: els fragments trobats a poca distància de Terra-Rotunda, les paraules del Llibre de les Bruixes i, per acabar-ho d'adobar, el pou que han descobert Robí i la princesa Diamant quan venien cap aquí. Fogària, la Bruixa de les Flames, utilitza aquests pous per traslladar els seus aliats d'un extrem a l'altre del Gran Regne, aprofitant el comportament de la calor, que tendeix a desplaçar-se cap amunt.

—Però què són aquests Serpentdracs de què ha parlat Kalea? —va preguntar la reina.

—M'imagino que es tracta d'uns éssers mig drac mig serp. Però no n'he vist mai cap. Es veu que cada bruixa en té un exèrcit personal, però, en el cas de Fogària, tinc la sensació que, fins que no ens el trobem al davant, serà difícil tenir-ne una imatge precisa —va explicar el bibliotecari.

—Ara ja sabem que utilitza aquests camins per desplaçar-se... —va començar a dir el rei.

—...però en què consisteix el seu pla, continua sent un misteri —va completar la frase Gunnar.

I llavors un silenci impregnat d'aprensió va tornar a envair el Saló de les Espurnes.

9

Auxili! Auxili!

L'ambient d'Arcàndida estava carregat de tensió. Les princeses i els seus marits, el rei, la reina i Haldorr continuaven reunits per decidir què calia fer. No era una situació gens senzilla perquè cada bruixa tenia un comportament diferent de les altres; el Llibre de les Bruixes només havia estat útil fins a cert punt, ja que no els havia proporcionat tota la informació que els hauria fet falta.

El rei i Gunnar recorrien el saló amunt i avall, intercanviant opinions i elaborant hipòtesis.

—Si Fogària sortís al descobert —va dir Gunnar—, podríem estudiar la manera d'enfrontar-nos-hi.

—Però en canvi... —li estava responent el rei, quan van sentir un soroll de passos al corredor.

Tots els ulls es van girar cap a la porta del saló, que es va obrir de bat a bat al cap d'uns moments. Al llindar, van aparèixer dos homes. Eren uns habitants del poble.

—Què ha passat? —els va preguntar el rei, alarmat, mentre s'hi acostava acompanyat de Gunnar.

—Majestat —va dir el primer, panteixant per la correguda—. Ha succeït una cosa terrible!

—Parleu! De pressa! —els va exigir el rei.

Va prendre la paraula el segon home, que també s'havia quedat sense alè.

—Hem vist un ésser espantós! Era una mena de drac, però sense ales; semblava una serp enorme!

—Un Serpentdrac? On l'heu vist? —els va preguntar llavors el rei.

—Prop del volcà Rejki, Majestat! —va respondre el primer—. Ha estat terrible. Bufava damunt del gel... i el fonia!

En sentir aquelles paraules, es va fer un silenci sepulcral.

—És terrible! —va exclamar la reina, amb els ulls plens de llàgrimes.

Tothom sabia que el gel de què era fet el regne i amb

què havien construït el palau d'Arcàndida no es fonia amb l'escalfor. Era un gel especial, resistent i etern.

El rei va anar cap a la reina i li va passar un braç per les espatlles.

—No passis ànsia, amor meu. Ens enfrontarem a aquest ésser tal com vam fer amb els Nàufrags dels Abismes que comandava la bruixa Aquària.

—És que això no és tot, Majestat: aquell ésser no estava sol! —va continuar dient el primer home.

—Explica't més bé! —el va esperonar Gunnar.

—Sobre aquell horrible drac-serp hi havia uns homes amb armadura, si no ens ha enganyat la vista...

—Ens en hem anat ràpidament perquè temíem per la nostra vida —va completar la frase el segon home, com si es volgués excusar per haver fugit del perill.

—És clar, heu fet bé de venir a avisar-nos. Ara aneu a fer un mos i a descansar. M'imagino que esteu esgotats.

Els dos homes se'n van acomiadar i van sortir de l'estança.

En realitat, el rei volia parlar en privat amb la seva família per decidir com calia actuar.

—Fogària ha desplegat tots els seus aliats en pes —va constatar en primer lloc—. Les bruixes donen vida a aquests éssers amb la seva màgia nociva i malvada.

Llavors es va adreçar a Kalea:

—Hem de tornar a provar amb el llibre. És absolutament necessari que sapiguem més coses sobre aquests éssers.

—No sé si es tornarà a obrir, pare.

—Però val la pena provar-ho, no et sembla?

—És clar, com vulguis.

Kaliq li va allargar el sac amb el llibre i ella el va treure, hi va clavar la mirada i va intentar concentrar-se. No res.

Va tornar a insistir, però el resultat va ser el mateix. El llibre era damunt la taula, hermèticament tancat.

Kalea va mirar el seu pare. Després va forcejar amb les pàgines, però semblaven encolades les unes amb les altres.

De sobte, quan ja estava a punt de caure en la desesperació, el llibre es va obrir de bat a bat, sota la mirada sorpresa de tothom.

Kalea es va afanyar a llegir les primeres paraules:

—*Inexorablement avança l'Esquadra de Ferro, forjada en el foc per ser letal...* —I més avall:— *...La seva força rau en la plata d'unes làmines oblidades amb les paraules de la son...*

I, en aquest punt, el llibre es va tancar.

Ningú donava crèdit a les seves orelles.

Làmines de plata.

Paraules de la son.

—Tu creus que és possible, pare? Vull dir que es tracti de la Cançó de la Son? —va preguntar Nives, trasbalsada.

El rei estava pàl·lid i visiblement preocupat.

—Vaig llençar les làmines al volcà perquè estava totalment convençut que l'escalfor les fondria i destruiria. I en canvi...

—Fogària les devia agafar i les va utilitzar per forjar la seva terrorífica esquadra —va afegir Gunnar.

El rei es va agafar el cap amb les mans. No podia evitar sentir-se responsable —si més no en part— per tot el que havia succeït.

—No me'n sé avenir! Per què ho va fer? Què tenien d'especial, les làmines? —va dir Diamant.

—Mira, Diamant, aquelles làmines eren fetes d'una plata màgica, capaç de transmetre el seu poder si es fon amb una altra cosa.

—I «l'altra cosa» deu ser un antic exèrcit d'armadures rovellades a qui la bruixa ha donat vida amb el poder màgic de les làmines —va concloure Haldorr.

—Quina monstruositat! —va exclamar Diamant.

—Ara val més que comencem a rumiar un pla infallible, abans que el gel de tot el regne es fongui i es converteixi en aigua —va ordenar el rei.

I van decidir anar cap al volcà amb l'exèrcit de llops per enfrontar-se als invasors.

10
Jangalaliana crema!

Mentre el rei i els altres s'afanyaven a organitzar l'expedició al volcà Rejki, més al sud, al Regne dels Boscos, la princesa Iara feia una competició de salts de liana amb Vannak.

El sentiment que la unia al cap de la tribu dels Nai-Lais era cada vegada més fort, i potser algun dia les seves vides s'unirien per sempre, com ja havia passat amb Kalea i Kaliq, Diamant i Robí, i Nives i Gunnar.

Però, de moment, va pensar Iara, també era bonic viure d'aquesta manera, despreocupada i feliç, i la competició de liana era un passatemps perfecte per a un dia càlid i assolellat, com el que tot just començava.

Lalima, la fidelíssima pantera de la princesa, seguia

Iara i Vannak pel sotabosc, desplaçant-se veloçment amb uns grans salts.

De sobte, l'animal es va aturar i va dreçar les orelles. Iara, que penjava d'una liana gruixuda, va aterrar dreta damunt d'una branca i va ensumar l'aire. Immediatament, va sentir una lleu pudor de socarrim.

—Què passa? —li va preguntar Vannak.

—Que no ho sents? Fa olor de cremat!

El noi va ensumar l'aire.

—Potser sí, però ve de lluny. Potser algú està cremant

rostolls per fer més fèrtil el sòl... —Vannak no va tenir temps d'acabar la frase, perquè Iara va veure alguna cosa entre les branques. Era fum!

—De pressa! Anem a veure què passa! —va dir la Princesa dels Boscos agafant una liana.

Vannak la va imitar.

En van tenir prou d'endinsar-se uns quants metres al bosc per adonar-se de què es tractava.

—Hi ha un incendi! —va cridar Iara, contemplant l'espantós espectacle que tenia davant dels ulls.

Tot un sector del Bosc Vivent estava envaït per les flames, que envoltaven els troncs dels arbres com uns embolcalls de foc i feien crepitar la fusta amb mossegades roents.

De les capçades dels arbres es desprenien unes columnes de fum que s'elevaven al cel creant una gran nuvolada que es disposava a engolir-ho tot.

—El foc es propaga ràpidament i se'ns acosta!

—Com pot haver succeït? —es demanava Iara, plorant.

Era horrible veure com les flames devoraven els seus estimats arbres.

—Darrere d'això hi ha alguna cosa. O algú.

—Vols dir?

—És molt difícil que un incendi d'aquesta magnitud es declari espontàniament, i encara menys durant aquesta estació, que no és precisament la més seca de l'any.

Era cert. La setmana anterior havia plogut bastant, per això no era normal que s'hagués calat foc al bosc. Aquell desastre havia de ser obra d'algú.

Iara ho va entendre.

—I si han estat... les bruixes?

—Com se t'ha acudit una cosa semblant?!

—Qui més podria ser? És evident que ens volen des-

truir per recuperar el regne. N'hem derrotat una, però en queden sis més. I evidentment això ha estat obra de la màgia!

—No ho podem saber del cert, però, sigui com sigui, hem d'intentar apagar l'incendi abans que es propagui més. Vaig a donar l'alarma a tots els poblats perquè comencin a portar aigua.

Iara va mirar el bosc, desconsolada. Caldrien milers de cubells per apagar les flames.

—D'acord. Jo torno a palau i envio un missatge a Arcàndida! Trobarem una solució. N'estic segura!

Vannak se li va acostar i li va fer un petó a la galta.

—Confio plenament en tu.

Ella es va posar molt vermella i se'n va anar corrents.

Iara va decidir confiar el missatge a Arun, l'arquitecte-fuster que havia dissenyat i construït el palau reial de Jangalaliana. Arun hauria d'utilitzar el passatge màgic que comunicava el Llac Infinit amb la planura glaçada on s'elevava el palau d'Arcàndida.

L'home va arribar al Regne dels Gels en el moment precís que l'expedició del volcà Rejki abandonava el pati del palau d'Arcàndida.

Va ser Gunnar qui es va adonar de la seva figura imponent en la planura.

—Espereu! —va dir el Príncep dels Gels—. Hi ha algú, allà baix!

Tothom va pensar que es tractava d'un altre ésser màgic que enviava la bruixa Fogària. Però quan Arun va ser més a la vora es van adonar que es tractava d'un home. I devia estar molt cansat, perquè caminava fent tentines.

Gunnar, seguit a distància per Nives i Kalea, va avançar cap a ell per esbrinar qui era.

—Però si és Arun! —va exclamar el Príncep dels Gels.

—Us saludo, Gunnar. És evident que no estic habituat a aquestes temperatures —es va justificar l'home.

—De pressa! Portem-lo a un lloc càlid! —va dir Nives.

Mentre la Princesa dels Gels l'acompanyava a palau, Arun li va dir:

—Us porto un missatge, i és molt urgent.

Es va treure un full doblegat de la butxaca i el va entregar a Nives, que va llegir:

El Bosc Vivent està en flames! La situació és molt greu i crec que ha estat obra de les Bruixes Grises! Sisplau, necessito ajuda. Ara mateix!

—Ens haurem de dividir —va dir el rei—. Una part del grup anirà al Regne dels Boscos per ajudar Iara. La resta es quedarà aquí i anirem al volcà per aturar l'Esquadra de Ferro i els Serpentdracs.

—Majestat, amb el vostre permís, Nives i jo, amb els llops, ens quedarem a defensar Arcàndida —va proposar Gunnar.

El rei va assentir.

—D'acord; llavors Kalea, Kaliq i jo anirem a Jangalaliana.

—I Samah? —va preguntar Kalea.

—Passarem per allà per avisar-la —va respondre el rei.

Havent dit això, va fer un senyal al Príncep dels Coralls: ja era hora de marxar.

11
El pèrfid pla de Fogària

Molt lluny d'Arcàndida i de Jangalaliana, a les parets de Castelloblic ressonava una rialla sinistra i profunda.

—Veig que estàs de molt bon humor, Fogària —va observar Sulfúria, la Bruixa de l'Aire, mentre s'arreglava la túnica marró amb matisos verd pistatxo que duia.

—Doncs no és per l'alegria de veure el teu vestit. Avui vesteixes més malament que de costum —va comentar Fogària, en un to sarcàstic.

—Què en saps tu, de la moda? Si només coneixes un color... el vermell!

—Per què us passeu la vida parlant de ximpleries? —va preguntar Etèria, que va entrar en aquell moment.

La Bruixa de les Tempestes es va asseure en una butaca vella del gran saló del castell.

—Mira qui parla! A més, jo no dic ximpleries —va replicar Sulfúria, ofesa.

—Parla'm del teu pla —va fer Etèria, ignorant les protestes de la Bruixa de l'Aire.

La Bruixa de les Flames va entreobrir els llavis en un somriure complagut. Es va fregar les mans, llargues i anguloses, i va dir:

—Aquesta vegada no tenen escapatòria!

—Què vols dir amb això? —va preguntar Sulfúria.

—Tots estan ocupats provant d'aturar el meu atac.

—No és cap novetat. També ho va fer Aquària i mira com va acabar el seu meravellós pla!

—Tu sempre tan pessimista, Etèria! Espera i ja veuràs de què sóc capaç!

—Explica'ns més bé què has maquinat... —li va demanar Sulfúria, curiosa.

—Doncs, per començar, els Serpentdracs bufen amb el seu alè roent els gels d'Arcàndida, que aviat no estaran tan gelats...

—Que n'ets, de pèrfida! —va dir Sulfúria, amb una rialleta.

—I després? —la va atiar Etèria.

—I després... diguem-ne que estic fent mans i mànigues per transformar els boscos del regne de Iara en una foguera gegant. Ha! Ha! Ha! —va exclamar Fogària, amb una rialla sorruda.

—Déu n'hi do! Reconec que hi estàs posant el coll. Tant de bo te'n surtis.

La velada insinuació de la Bruixa de les Tempestes va enfurismar Fogària, per això es va estimar més canviar de tema.

—I Aquària com està? Hi ha hagut canvis?

—No, res de nou —va respondre Sulfúria—. Continua immòbil a la seva piscina. Temo per la seva vida.

—No diguis bajanades! —la va renyar Etèria, bruscament—. Encara respira.

—I tu com ho saps, si està sota l'aigua?

—Perquè he vist les bombolles d'aire que pugen a la superfície!

—Per mi que això és cosa d'Ella —va afirmar Fogària.

Les altres dues bruixes li van clavar la mirada.

—Teniu present què li va fer a Aquària la primera vegada que va provar de rebel·lar-se a la seva voluntat? Us ho he de recordar jo?

—És impossible oblidar-ho! Encara que ja han passat uns quants anys, el record del càstig que va infligir a Aquària ens ha quedat gravat a la ment, com una advertència per a totes. Va ser terrible: la va recloure a la presó subterrània, sense aigua, que és el seu element vital, durant molt de temps —va explicar Sulfúria.

—I només perquè volia marxar de Castelloblic —va afegir Fogària—. Ella només va accedir a alliberar-la quan Aquària li va jurar fidelitat eterna.

Al saló es va fer el silenci, però totes pensaven la mateixa cosa: Ella no tolerava la desobediència i no permetria que cap d'elles l'abandonés, mai de la vida, i encara menys que eludissin la seva autoritat.

—Ens tindrà aquí per sempre més —va comentar Sulfúria en un to gairebé de derrota.

—Calla! —la va amonestar Etèria—. Em sembla que sento alguna cosa...

—Deuen ser Cendràrià o Xisclòria que tornen. Les he vist sortir juntes fa una estona —va explicar Sulfúria.

—No, no són elles —va respondre Etèria, apartant-se els cabells de les orelles per provar de desxifrar aquell soroll distant.

Poc després va sentir el fregadís d'una túnica que travessava els passadissos irregulars del castell.

Etèria va fer un gest a les altres dues bruixes perquè es mantinguessin en silenci. Totes van contenir la respiració, escoltant els passos que s'acostaven. Sabien prou bé que a la Mai Anomenada, la terrible Bruixa de les Bruixes, no li hauria agradat gens saber que parlaven d'ella. No l'havia d'anomenar ningú, i encara menys portar-li la contrària, perquè la seva ira venjativa es transformaria en un càstig exemplar. Les tres bruixes que en aquell moment es trobaven al saló ho sabien de sobres.

Es van quedar callades i van tancar els ulls fins que aquells passos van arribar a la porta. Van contenir l'alè desitjant que passés de llarg, que s'allunyés d'elles.

Però els passos es van aturar. I després, com si Ella pogués percebre la por que omplia el cor de les bruixes, va esclatar en una rialla sorollosa, que va ressonar, amenaçadora, per les sales buides i els passadissos del castell més espantós que s'ha construït mai.

Provocar por la feia sentir invencible. Gaudir del terror aliè era el seu passatemps.

Les bruixes van sentir que una esgarrifança els recorria l'esquena. Van obrir els ulls, esperant veure-la entrar, però el mànec de la porta no va girar.

Després d'uns segons de tensió extrema, els passos van tornar a ressonar al fred paviment de pedra, junt amb el fregadís de la llarga túnica que li feia de sinistre acompanyament.

Afortunadament, se n'anava. Van sentir com anava baixant diversos trams d'escales.

Però no va parar de riure. Més ben dit: la seva rialla glaçadora va ser l'últim que va percebre la fina oïda d'Etèria, abans del cop d'una trapa que es tancava.

I va tornar a caure el silenci.

Sulfúria, que tenia un caràcter impulsiu i audaç, va ser la primera de parlar:

—Hem tingut molta sort, aquesta vegada.

—Però hem d'estar a l'aguait —va dir Fogària.

—He sentit el soroll de la trapa —els va revelar Etèria.

—Això vol dir que ha baixat a veure el presoner!

~ * ~

Efectivament, uns quants pisos per sota del saló on parlaven les bruixes, Ella havia obert una trapa, d'on havia sortit un aire enrarit i que feia pudor de resclosit. S'hi va esmunyir amb el seu cos àgil i la va tancar darrere seu. Va respirar fondo, i després va embocar un passadís fosc i estret i el va recórrer fins al final.

Allà baix, en l'obscuritat empresonada des de feia segles, hi havia una porteta de fusta tancada amb unes barres de ferro molt gruixudes.

Els ulls aguts de la bruixa van mirar a través de l'escletxa que hi havia al centre de la porta i van escrutar el fosc espai que hi havia més enllà.

Després va fer una riallada que va glaçar fins i tot les pedres.

Tot era al seu lloc. Tal com volia ella.

Va adreçar una última mirada pèrfida a la figura que estava immòbil al fons de la petita estança i se'n va anar ràpidament, amb un fregadís irregular de roba que anunciava una tempesta.

Ara, havia de resoldre unes altres qüestions.

12

La idea de Samah

Mentrestant, a Rocadocre, la Princesa del Desert vivia una jornada serena, amb el pensament lliure de preocupacions i angoixes.

Aquell matí havia ajudat la seva cosineta Daishan a trenar collarets de flors d'hibisc. Ara, totes dues eren al pati del palau reial, que estava ple de cubells de fusta plens d'aigua i flors. Les garlandes eren ornaments per a la festa d'aniversari de Daishan, que tindria lloc aquell mateix vespre.

Hi havien invitat tots els joves del regne, inclòs Yuftén, el mercader amb qui poc temps abans Daishan s'havia perdut al desert, cosa que va provocar un gran daltabaix i va crear un ambient de por a la cort.

En veure la seva cosina tan serena i feliç, Samah va sentir una profunda alegria. Malauradament sabia prou bé que aquella harmonia era aparent: les Bruixes Grises podien atacar en qualsevol moment, malgrat la derrota d'Aquària. Això els havia dit el seu pare, el rei, quan va demanar a les cinc princeses que tornessin a les seves corts, per poder controlar més bé la situació. Però, fins aquell moment, tot semblava tranquil.

—En què penses? En una cosa desagradable, oi? Ho portes dibuixat a la cara —li va preguntar de sobte Daishan, alçant el cap de la corona que estava trenant.

—No, t'equivoques. Tot va bé, no pateixis, concentrem-nos en la teva festa.

—Uhm, et conec, cosina. I tens la mirada fosca com el cel durant les tempestes de sorra.

Samah va somriure.

—Dona, és que, de vegades, les princeses també tenim preocupacions. Governar un regne no és tan fàcil com sembla, hem de pensar en moltíssimes coses...

—Ja ho sé, però, ara que el Príncep sense Nom està adormit, ja no cal que patim perquè tot està solucionat, oi?

Samah va sentir una fiblada al cor. No li agradava amagar-li la veritat. Tot i així, havia hagut d'ocultar a

Daishan i Armal el que havia passat amb la bruixa Aquària; ja havien tingut prou neguits en el passat i ara no tenia sentit fer-los viure en una tensió contínua.

—Oi que sí? —va insistir la noia.

La princesa va assentir, no gaire convençuda, i després va canviar de tema.

—Aquest vespre també vindrà Yuftén, oi?

—Em sembla que sí —va respondre la noia, abaixant la mirada.

—Que hi ha cap problema?

—No, és que..., com t'ho diria? Ja no el trobo tan especial com abans.

—De debò? Em pensava que t'agradava.

—Al començament, sí. Però ara que ha passat un cert temps i hi he reflexionat...

—Sobre què has reflexionat?

—Quan ens vam perdre al desert, ell tenia moltíssima por, estava espantat, potser més que jo i tot. Però quan va tornar a casa gastava uns fums, com si hagués estat un gran heroi, i explicava aquella aventura com si realment l'hagués afrontat amb coratge i determinació.

Samah va somriure.

—Prova d'entendre'l. No és culpa seva que es trobés en una situació que el superava de bon tros. Potser és per això que quan ho va explicar se li va escapar una mica la imaginació, no trobes?

—No sé què dir-te, Samah.

—Sigui com sigui, vindran una colla d'amics a la festa. Ens ho passarem molt bé.

—És clar. I, a més, tindrem les garlandes d'hibisc més boniques del regne! —va dir Daishan, tornant a la feina.

Però, poc després, va arribar Armal i les va interrompre.

—Veniu! Hi ha algú al passatge secret!

Samah i Daishan el van seguir cap al meravellós jardí de Rocadocre. Allà, amagat en una cavitat que hi havia

dins d'un baobab, hi havia el passatge que comunicava el Regne dels Coralls amb el del Desert.

De l'interior del baobab, sortien dos peus descalços. Pertanyien a un cos replegat sobre l'abdomen que tant podia estar desmaiat com adormit.

Samah i Daishan s'hi van acostar per veure'l més bé.

—Sembla un noi —va observar la cosina de Samah.

—Armal, ajuda'm a tombar-lo, sisplau —va dir ella.

El jove la va obeir.

Així que li van poder veure la cara, la princesa va exclamar:

—Però si és Purotu!!! Què li deu haver passat?

Llavors, Armal es va fixar en un detall.

—Mireu!— va dir assenyalant una granoteta verda, tan petita com un gra de cafè, que s'allunyava ràpidament del cos del noi.

—És una aranya de la son! —va dir Samah.

Armal va assentir, preocupat, mentre Daishan no semblava entendre de què parlaven:

—Què és una aranya de la son?

Li va respondre el seu germà.

—És una aranya que viu aquí, al Regne del Desert, i amb les seves picades injecta un líquid somnífer.

—És terrible! No n'havia sentit a parlar mai!

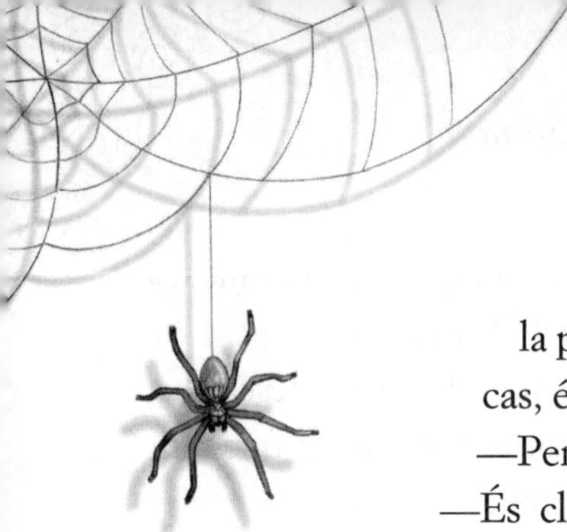

—És força rara —va explicar la princesa—. Però, en qualsevol cas, és innòcua.

—Però Purotu... es despertarà?

—És clar que sí, maca. L'efecte no dura gaire. Però, de moment, val més que el portem a palau i l'estirem en un llit —va suggerir Samah.

I així ho van fer.

13

L'Esquadra de Ferro

Nives i Gunnar, amb uns quants homes del poble que se'ls havien unit, corrien veloçment damunt de la gropa dels llops per la planura gelada. El sol havia desaparegut del cel, ocult darrere d'una barrera de núvols que formaven una mena de cúpula.

Cavalcaven en silenci, cadascú pensava a què s'hauria d'enfrontar. La por i la preocupació augmentaven amb cada minut que passava.

Al final, va ser Nives qui va pronunciar les primeres paraules.

—Ja hi estem arribant, Gunnar —va dir en veure la silueta fosca del volcà en la llunyania.

—Si no t'hi veus amb cor, ens pots esperar aquí.

—Ni parlar-ne! T'hi acompanyaré. Què et penses? Que t'has casat amb una figaflor, o què?!

—És clar que no —va respondre Gunnar amb un somriure divertit—. Però no serà una empresa gens fàcil.

—Ja m'he enfrontat als exèrcits de les bruixes. Que no te'n recordes, de com va acabar aquell pop gegant?

Gunnar se'n recordava prou bé. El pop formava part de la flota dels Nàufrags dels Abismes, que estaven al servei de la bruixa Aquària. Nives l'havia obligat a retirar-se clavant una queixalada terrible al tentacle que la mantenia presonera.

—Entesos. Anem-hi. Veig fum allà abaix.

Als costers del volcà es veia un núvol de fum que gairebé semblava boira. S'havia format en un moment i s'estenia ràpidament.

—No podem perdre ni un minut! —va exclamar el Príncep dels Gels.

—La meva gent hi està lluitant, allà. Hi hem de fer alguna cosa, i de pressa! —va afegir un dels homes del poble.

I els llops van reprendre la cursa.

Quan l'expedició va arribar als costers del volcà, l'espectacle que se'ls va presentar davant dels ulls era esfereïdor. Tres éssers de proporcions colossals, que semblaven dracs sense ales, bufaven un vapor roent a la neu i als gels del regne. Un rierol d'aigua solcava la planura com una ferida oberta.

Els dracs eren exactament tal com els havien descrit els dos homes que havien donat l'alarma: enormes, sense ales, i el seu cos acabava en una llarga cua semblant a la de les serps. Eren de color gris fosc, tenien uns narius grandiosos d'on sorgien ràfegues d'aire abrusador i unes bocotes espantoses que llançaven llengües de foc.

Els seus ulls tenien el color de les brases enceses, i les extremitats superiors eren unes potes de rapaç que culminaven en unes urpes esmolades. En lloc de pell tenien escates que reflectien unes resplendors metàl·liques i sinistres.

Eren espantosos. I no estaven sols.

A la gropa dels Serpentdracs es distingien unes siluetes fosques.

—Són els soldats de l'Esquadra de Ferro! —va dir Nives.

—Príncep! —va dir un dels habitants del poble—. Vós creieu que tenim prou forces per repel·lir-los?

Gunnar s'havia quedat bocabadat.

—Malauradament, no sé què respondre't.

—Ànims, Gunnar, que allà baix ens necessiten! —va exclamar Nives, esperonant-lo perquè passés a l'acció.

Els homes del poble combatien durament. N'hi havia dos de caiguts a terra, inerts, possiblement extenuats per l'escalfor insuportable que bufaven els Serpentdracs.

Uns altres provaven de protegir-se del foc amb els escuts. I uns altres encara lluitaven contra els soldats de l'Esquadra de Ferro que havien baixat a terra per combatre. S'enfrontaven a cops d'espasa, llança, arc i fletxes. Utilitzaven qualsevol mitjà a l'abast per defensar la seva terra de l'invasor. No sempre tocaven l'objectiu, però Nives va presenciar un parell de dispars encertats contra un Serpentdrac, que es va retirar de cop.

Això li va donar confiança i esperança.

Gunnar va desembeinar una de les dues espases que duia a la cintura i la va allargar a la princesa. Era petita, lleugera i manejable.

—Tu creus que la sabràs fer anar?

Ella la va mirar amb ulls flamejants.

—Ja fa molts anys que el pare ens va ensenyar tot el que calia sobre les armes. Ens deia que potser algun dia ens seria útil saber manejar una espasa.

I llavors va agafar l'empunyadura i va observar l'arma de prop. El pom va reflectir la seva imatge distorsionada.

—Ja estic a punt. Gràcies.

—És un honor que combatis al meu costat en una batalla, però et suplico que no cometis cap imprudència.

—No passis ànsia.

El príncep va atiar els llops de la guàrdia reial:

—Llops, comencem l'atac contra els Serpentdracs! Però recordeu que el nostre objectiu és fer-los fugir. Per tant, mesureu la força de les queixalades!

Els llops van proferir un udol agut, amb els caps alçats cap al cel gris, com donant una resposta unànime al seu amo.

Tothom es va girar a mirar-los, fins i tot els Serpentdracs i els homes amb l'armadura.

Després, algú va iniciar l'atac i l'exèrcit de Fogària va avançar ràpidament cap a Gunnar i els altres.

Estava a punt d'arribar el moment àlgid de la batalla.

14
La decisió de Purotu

Purotu es va despertar de sobte i va mirar al seu voltant, confós.

Es trobava en una estança molt àmplia, amb el sostre decorat amb un meravellós fresc que representava unes altes muntanyes de sorra i també unes clarianes amb palmeres i llacunes, molt distants entre si. Estava ajagut en un llit baix i el cobria un llençol de lli, fi i lleuger.

A poc a poc va començar a recuperar la memòria de tot el que havia succeït.

Quan havia descobert l'absència de la seva germana i de Kaliq, havia anat a preguntar a Emiri, el cuiner de la cort, que era l'únic que en sabia alguna cosa. Però Emiri no li va aclarir pràcticament res, solament li va dir que la princesa i el seu marit havien marxat. Però que se n'haguessin anat de cop i volta i, a sobre, sense avisar-lo va fer desconfiar Purotu, que no va perdre el temps i es va posar a buscar alguna pista que li fes entendre què s'amagava darrere d'aquell viatge tan sobtat.

Va parlar amb el seu germà, dient-li que volia anar a buscar Kalea. Però Naehu es va negar a seguir-lo, afirmant que si la princesa els hagués volgut implicar en el que anava a fer, ben segur que els n'hauria informat.

Però Purotu tenia un caràcter impulsiu i va decidir

anar-se'n igualment, tot sol. El problema era que no sabia on havia de dirigir-se.

El regne era molt extens i li era impossible establir una meta precisa, per això va decidir confiar en la sort. Va dibuixar damunt de la sorra els confins dels Cinc Regnes. Després va agafar una conquilla mitjaneta, va fer tres passos per allunyar-se del mapa de sorra i es va tombar d'esquena. Després, va comptar fins a tres i, sempre d'esquena, va llançar la conquilla.

Quan es va girar, va veure que havia caigut damunt de Rocadocre, al Regne del Desert.

I era allà on pensava anar, a la cort de la princesa Samah!

Va anar a avisar el seu germà i després va anar cap al Laberint de Flors, que estava fet amb unes bardisses florides que protegien el palau de Flordoblit, però que també amagaven el passatge màgic que menava al Regne del Desert. Feia un cert temps que Kalea l'hi havia ensenyat i el va retrobar fàcilment, i hi va entrar sense la més mínima vacil·lació.

Tan bon punt va travessar el passatge, es va trobar en un jardí meravellós perfumat amb una intensa flaire de flors i de fusta escalfada pel sol. Immediatament després es va adonar que alguna cosa li pujava pel coll. Abans de tenir temps de treure-s'ho del damunt va sentir una fiblada i després... foscor total.

En aquell precís moment, Purotu va veure que la porta de l'estança s'obria una mica i va aparèixer un rostre entremaliat i dos ulls que el miraven. Quan es va adonar que estava despert, el rostre va desaparèixer i la porta es va tancar.

Purotu va preguntar:

—Qui ets?

La porta es va tornar a obrir i el rostre es va mostrar del tot. Era una noia, la més bonica i somrient que Purotu havia vist mai.

El noi es va posar vermell de cop. Ella, en canvi, va entrar tranquil·lament a l'estança i es va presentar:

—Hola, em dic Daishan i sóc la cosina de la princesa Samah.

Purotu va fer un sospir d'alleujament: no s'havia equivocat de direcció! Després la va mirar, de mica en mica, acotant els ulls perquè se sentia molt cohibit. La noia tenia una llarga cabellera negra, tan lluent com els còdols que ell pescava al mar. Els seus ulls també eren foscos i molt alegres. A les orelles i els canells, portava joies d'argent que dringaven com cascavells. Tenia una expressió simpàtica i segura de si mateixa, que al noi li va agradar de seguida.

—Encantat de coneixe't —va dir, finalment.

—Com et trobes?

—Més bé, em sembla. Què m'ha passat? L'únic que recordo és haver sentit una mena de fiblada.

Daishan es va acostar a un prestatge i va agafar un llibre. El va fullejar fins que va trobar la pàgina que buscava i llavors el va ensenyar a Purotu.

—Ha estat culpa seva —va dir assenyalant la imatge d'un petit aràcnid—. En diuen l'aranya de la son i, si et pica, t'adorms en un instant.

—És a dir, que m'heu donat un antídot, oi?

Daishan va fer que no amb el cap.

—L'efecte no dura gaire estona, afortunadament. Ens hem limitat a portar-te aquí i a esperar que et despertessis.

—Qui m'hi ha portat?

—Samah, Armal i jo.

—Qui és l'Armal aquest? —va preguntar el noi, una mica contrariat.

Ella va esbossar un somriure.

—Aviat el coneixeràs. Més ben dit: vaig a avisar-lo, així li podràs explicar què t'ha empès a venir aquí.

No va fer falta que Daishan l'anés a buscar perquè, en aquell moment, Samah i Armal passaven a prop de l'estança de Purotu i, en veure la porta oberta, van entrar per controlar la situació.

~ * ~

—Hola, Purotu. Veig que t'has recuperat —va dir la Princesa del Desert, alleujada.

—Hola, Samah! Sí, ja em trobo més bé.

—M'imagino que Daishan et deu haver explicat què t'ha passat. De vegades, els jardins amaguen uns petits traïdors... que piquen!

—Ja me n'he adonat —va dir Purotu, que mirava Armal de reüll.

Llavors, el noi es va presentar:

—Em dic Armal, sóc el germà de Daishan.

—Hola... —va dir Purotu, però no va poder continuar parlant perquè va tenir un atac de tos.

—Daishan, porta-li un got de suc de préssec, sisplau —va dir Samah a la seva cosina.

La noia la va obeir i va tornar poc després amb un got ple d'un líquid dens i flairós.

Purotu se'l va beure d'un glop.

—És exquisit! —va exclamar, llepant-se el suc que li havia quedat a les comissures dels llavis.

—M'alegra que t'agradi. És una especialitat de Rocadocre. Fa molts anys, Helgi va plantar presseguers al jardí de palau —va respondre Samah. Després, la Princesa del Desert va canviar de tema.— Ara explica'ns el motiu que t'ha impulsat a venir aquí.

A l'estança es va fer un silenci profund. I llavors Purotu va dir:

—Kalea i Kaliq se n'han anat d'improvís de Flordoblit, sense donar gaires explicacions d'on anaven ni per què!

Samah va sentir que se li feia un nus a la gola. En passava una de grossa, n'estava segura.

—És a dir, que has vingut aquí per buscar-los?

Purotu va assentir.

—Però ells no han vingut aquí.

Purotu va abaixar la mirada, disgustat.

—Aneu a saber on són ara. He elegit la destinació a sorts, però confiava a trobar-me'ls...

—Potser han anat a fer un viatge romàntic —va suposar Daishan, que es va posar vermella com un tomàquet.

—I llavors per què no ens han avisat? No ho entenc. No, no... això fa pudor de socarrim.

I Purotu no s'equivocava.

En efecte, al cap d'uns instants, una veu va ressonar pels passadissos del palau:

—Samah! —cridava la veu.

Era la princesa Kalea.

15
Combat a foc i ferro!

Mentre Kalea, Diamant, Kaliq i Robí arribaven a Rocadocre, Iara, Vannak i les tribus del Regne dels Boscos s'escarrassaven per apagar el gran incendi que amenaçava el Bosc Vivent.

—Malauradament, el foc es va estenent cada vegada més. Hem fet cadenes humanes per portar cubells plens d'aigua però no n'hi ha prou: alguns homes ja han patit cremades per culpa de les flames, que avancen i ho devoren tot —va dir Iara, desesperada.

Sumati va abraçar la princesa. Com sempre que passava per un mal tràngol, Iara sabia que podia comptar amb ella, que, des que era ben petita, li havia fet costat amb afecte i discreció, com una mare.

Ara es trobaven al bell mig del bosc, i l'olor de fusta cremada era intensíssima.

—Escolta, Iara, si no n'hi ha prou amb la força dels homes, per què no recorrem a la força dels animals? —li va suggerir.

Iara la va mirar, encuriosida.

Sumati li va explicar el que se li havia acudit.

—He pensat en els pelicans. N'hi viuen molts, en aquesta terra. Podrien omplir la bossa que tenen sota el bec amb aigua i sobrevolar l'incendi per ajudar-nos a dominar les flames. Ho podríem provar, no trobes?

—És una idea genial, Sumati!

En aquell moment Vannak va arribar corrent.

—La situació s'ha agreujat. Bona part del bosc està en flames i l'altra ja ha quedat destruïda —va dir amb el rostre ennegrit pel sutge.

A Iara se li van omplir els ulls de llàgrimes. Saber que el seu estimat bosc s'estava convertint en cendres la disgustava moltíssim. Però va trobar la força per reaccionar.

—Hem tingut una idea —va dir a Vannak, i li va exposar el pla—. Els Nai-Lais ens encarregarem de convocar els pelicans. No pateixis!

—Gràcies, Vannak —va dir la princesa, abraçant-lo.

Sumati els va observar i va desitjar de tot cor que aquella amenaça desaparegués ben aviat perquè aquella parella jove pogués gaudir de la seva felicitat.

~ * ~

Mentre al bosc combatien l'incendi amb tots els mitjans que tenien a l'abast, de sobte, un so es va elevar per damunt de la crepitació devoradora de les flames: era una rialla tan implacable com el foc.

Fogària era allà.

—Que ho heu sentit? —va dir Iara, alarmada.

Sumati i Vannak van parar l'orella.

—Sembla una rialla.

—Estic segura que hi ha algú. Potser és l'autor d'aquest desastre —va concloure la princesa—. Vannak, vés a parlar amb la teva gent i poseu a treballar els pelicans abans no sigui massa tard.

—I tu què penses fer?

—Trobar el responsable de l'incendi per fer-li passar les ganes de riure!

Llavors, Iara va cridar Lalima amb un xiulet. La pantera va arribar on era la princesa amb quatre gambades.

—Som-hi, Lalima! —va exclamar Iara, i va penetrar al bosc empunyant amb força el seu arc.

~ * ~

—Ha! Ha! Ha! —va tornar a sentir, ara molt més a la vora—. Crema, bosc, crema!

—On t'amagues? Surt i dóna la cara, siguis qui siguis! —va cridar Iara.

Però no veia ningú pels voltants.

La Princesa dels Boscos havia arribat a un punt molt pròxim a l'incendi. La calor era insuportable i una espessa cortina de fum li impedia veure-s'hi amb claredat.

—Dóna la cara, si tens nassos! —va insistir Iara, provocadora.

Lalima va fer un rugit i va començar a giravoltar per protegir-se l'esquena i evitar que l'enxampessin per sorpresa.

Llavors va succeir una cosa estranya. De sobte, en la

grisor que l'envoltava, Iara va percebre dos ulls. Eren d'un color marró molt clar, tirant a vermell, i eren tan ferotges com els dels depredadors.

Sense adonar-se'n, va començar a recular. I Lalima va tornar a rugir, més fort que abans, contra el no-res.

A poc a poc, els dos ulls van emergir i van revelar un rostre allargat amb la pell fosca i arrugada com l'escorça d'un arbre vell, amb uns cabells vermells que onejaven en l'aire com flamarades de foc i un cos magre i lleugerament encorbat. Semblava una anciana, va pensar Iara, de primer cop d'ull.

Era espantosa. I molt vella.

—Déu n'hi do, que valenta! —va dir la bruixa en un to desdenyós.

—Qui ets?

—No em diguis que no ho saps, mocosa insignificant...

Iara es va enfurismar. Com s'atrevia a dir-li «mocosa», aquella bruixa vella?

—No t'ofenguis, princeseta. No et servirà de res. I, sobretot, no servirà de res al teu antic bosc ufanós, que, d'ara en endavant, tothom anomenarà el Bosc Morent. Ja no el pot salvar res! Ha! Ha! Ha! —va dir la bruixa, llançant una altra rialla cap al cel encès.

—O sigui que has estat tu?!

—Qui volies que fos, sinó Fogària, la invencible Bruixa de les Flames?

—No em fas por! —va dir la Princesa dels Boscos, mentre col·locava una fletxa a l'arc.

—Què vols fer amb això? —li va preguntar la bruixa, assenyalant la fletxa.

—Ja ho veuràs —va replicar la princesa. Va tensar l'arc amb força i va disparar la fletxa.

Però, quan encara no havia fet ni la meitat del recorregut, la bruixa va fer un gest amb la mà que va alliberar una llengua de foc, potent i precisa, que la va envoltar i la va fer caure a terra convertida en cendra.

Iara va observar aquella escena amb els ulls esbatanats. Però no es va desanimar i va llançar una segona fletxa, que va fer la mateixa fi que la primera.

I una tercera.

Amb el mateix resultat.

«I ara, què?» es va demanar, espantada.

La princesa no s'havia adonat que Lalima ja no era al seu costat. I tampoc se n'havia adonat la bruixa; per això, quan la pantera la va atacar per l'esquena, la va enxampar ben bé per sorpresa.

Va ser un d'aquests moviments sobtats i precisos, que

només saben fer els felins. Se li va abraonar per darrere i la va fer caure cames enlaire.

—Molt bé, Lalima! —va exclamar Iara, alegrement.

Era el moment oportú per disparar l'última fletxa, la decisiva. Però va vacil·lar. Tenia la bruixa a tret, per tant no li hauria costat gens tensar l'arc i disparar. Era un tir molt fàcil per a una arquera experta com ella. Tot i així,

un sentiment en el fons del seu cor li va impedir aprofitar aquella circumstància.

N'hi va haver prou amb aquell instant de vacil·lació perquè la bruixa es tornés a aixecar. Amb un grunyit de ràbia, Fogària es va encendre com una torxa, obligant la pobra Lalima a apartar-se'n per no cremar-se.

—Aquesta me la pagaràs! —va cridar, preparant-se per llançar una flamarada contra la pantera.

L'animal va fugir d'un salt, però la bruixa era molt ràpida, i la va seguir envoltada de flames. Iara els va anar al darrere. Encara li quedava una fletxa, però no estava segura de si serviria d'alguna cosa. Havia de salvar la seva amiga. Però... com?

Quan Fogària ja estava a punt d'atrapar Lalima, va passar una cosa. Iara va veure un dels pelicans que havien avisat els Nai-Lais sobrevolant aquella zona.

La princesa va xiular tan fort com va poder per cridar-li l'atenció.

La bruixa estava massa capficada en la seva set de venjança per fer cas del que succeïa al seu voltant.

Iara va ordenar a l'ocell que aboqués l'aigua, i ell la va obeir. Una cascada va caure damunt dels arbres... i de la bruixa!

Les flames que l'envoltaven i la feien inabastable es

van apagar un instant, cosa que va deixar Fogària bocabadada i vulnerable.

Era el moment oportú per colpir-la. Iara la va apuntar amb la fletxa i aquesta vegada va disparar.

Però, en aquell precís instant, es va sentir un gran espetec i una flamarada va baixar de les altures. Per l'efecte de la calor i les flames, unes branques que s'havien desenganxat del tronc d'un arbre es van precipitar a terra i van envestir la bruixa. Iara es va posar a recer i es va protegir la cara amb les mans. Quan se les va apartar del rostre va comprovar amb estupor que Fogària havia desaparegut.

16

Males notícies

Molt lluny de la xarxa verda del Bosc Vivent, a l'assolellada ciutat de Rocadocre, Samah va anar a rebre les persones que acabaven d'arribar: Kalea i Diamant amb Kaliq i Robí.

—Què hi feu, aquí? —va preguntar amb la veu trencada per la sorpresa i la preocupació.

Kalea se li va tirar al damunt i la va abraçar.

—Germaneta, ha passat una cosa terrible!

—Què? Digues!

Ho va explicar Diamant:

—Hem rebut un missatge de Iara. El Bosc Vivent està en flames i necessita que l'ajudem.

Samah no es creia el que sentien les seves orelles.

—És per culpa de les bruixes, oi?

Tots van assentir amb una expressió seriosa.

—Sí, però això no és tot —va afegir Robí.

Samah el va mirar de reüll. Encara que estigués feliçment casat amb la seva germana, la Princesa del Desert no havia oblidat els conflictes que li havia provocat Robí en el passat. Llavors, mentre estava sota la influència del coleòpter de color cobalt i del Príncep sense Nom, el jove la va enganyar i li va sostreure l'estrofa de la Cançó de la Son que custodiava ella...

Aquells moments tan terribles van aflorar a la memòria de la princesa.

Robí va comprendre l'estat d'ànim de Samah, i va acotar la mirada mentre parlava.

—Sota terra, a les profunditats de Terra-Rotunda, ha començat a bufar un vent abrusador, i l'aigua dels Gorgs Multicolors s'ha tornat grisa i és tan calenta que és pràcticament impossible tocar-la.

—I jo vaig trobar uns esquinçalls de tela verda amb unes lletres escrites que segurament constituïen una frase —va afegir Diamant.

—I no solament això: el pare i Haldorr van interpretar que formaven part d'un missatge amb una petició d'ajuda de Helgi —va concloure Kalea.

—De Helgi? Per tant... encara és viu! —va exclamar Samah.

—Tots creiem que sí. És viu, però possiblement el tenen empresonat les bruixes —va dir Kaliq.

—El bosc crema, i l'aigua de Terra-Rotunda bull... —va dir Samah, pensativa.

—Ens pensem que tot plegat és obra de Fogària, la Bruixa de les Flames! —va dir Kalea—. En vaig buscar informació al Llibre de les Bruixes.

—I com et va anar?

—Vam descobrir que la bruixa compta amb l'ajuda d'uns dracs enormes amb cos de serp, els Serpentdracs, i d'un misteriós exèrcit anomenat l'Esquadra de Ferro!

—En aquest moment estan atacant Arcàndida! Volen fondre el gel del regne per fer-lo desaparèixer —va afegir Diamant.

—És terrible! Però, digue'm, Nives, Gunnar i els nostres pares... s'han quedat allà?

—El pare, no. Ell ha partit immediatament per anar a ajudar Iara —va explicar Diamant.

De sobte, van sentir uns sanglots. Darrere de Samah hi havia Daishan, feta un mar de llàgrimes, i també Armal, que provava de consolar-la.

—Em sap greu que hagis sentit aquestes notícies, bonica —li va dir tot seguit Samah.

—No en sabia res, d'aquestes bruixes. Em preocupa molt el nostre regne. Per què hem de patir tant, després del que ja vam sofrir per culpa del Príncep sense Nom?

—Daishan, les coses no sempre són senzilles. Més ben dit, de vegades, les més valuoses, com ara la pau i la serenitat, les hem de conquerir a còpia de grans sacrificis.

Tots es van girar. Havia parlat l'Avi. Acabava d'arribar en aquell moment i, amb el seu to calmós i savi, havia retornat l'equilibri a l'ànim dels seus néts.

Si més no fins que la figura de Purotu no va fer la seva aparició per darrere d'Armal i Daishan. S'havia quedat amagat darrere de la porta de l'estança, perquè no el veiessin. Sabia que no havia fet bé d'anar a Rocadocre pel seu compte i temia la reacció de Kalea.

I no s'equivocava perquè, així que el va veure, la princesa va fer uns ulls com unes taronges per la sorpresa.

—Què hi fas, aquí?! —li va demanar, secament.

No era freqüent veure Kalea enrabiada. Per això tothom la va mirar amb expressió d'incredulitat.

Purotu es va posar vermell com un pebrot:

—He vingut a buscar-te.

—Ningú t'ha donat permís per desplaçar-te, i encara

menys anar d'una punta a l'altra del regne! Kaliq i jo no t'hem dit que marxàvem per evitar justament això i tu vas i... em desobeeixes! M'has decebut moltíssim!

—Sisplau, Kalea, no t'ho agafis malament. Ho he fet amb bona intenció. Volia comprovar que estaves bé i que no corries cap perill.

—Kaliq ja té cura de mi —va replicar Kalea, però després s'ho va repensar—. Més ben dit: sóc prou capaç de tenir cura de mi mateixa tota sola. I tu t'havies de quedar a Flordoblit amb el teu germà. Has pensat què passaria si les bruixes ataquessin la cort mentre tu ets fora? No se t'ha acudit que si no t'he demanat que ens acompanyessis era per un motiu molt vàlid?

Purotu va romandre en silenci.

La seva germana tenia raó. La veritat és que no s'havia aturat a pensar abans d'actuar, cosa que li passava molt sovint.

S'havia equivocat i l'únic que podia fer era demanar perdó.

—Em sap greu. Em perdones? —va demanar amb els ulls lluents d'emoció.

Kalea el va mirar. Semblava sincerament penedit.

—És clar que et perdono. Però no em tornis a desobeir mai més.

—T'ho prometo.

Kalea i Purotu es van abraçar.

—Ara que ja heu fet les paus, què us sembla si rumiem un pla d'acció? —va dir Samah.

—Hem d'anar a ajudar Iara i, al mateix temps, provar de repel·lir l'atac de Fogària a Arcàndida —va respondre Diamant.

—També hi ha Serpentdracs al Regne dels Boscos? —va preguntar la Princesa del Desert.

—Per ser sincera, no tinc present que Iara n'hagi parlat. Però algú ha d'haver provocat l'incendi —va replicar Kalea.

—Potser ha estat la bruixa en persona.

—Sí, Samah, és molt possible. Però és inútil que ens quedem aquí, parlant-ne. Hem de fer alguna cosa o la situació empitjorarà encara més —va concloure Diamant.

Samah es va quedar un moment en silenci i després va dir:

—Tinc una idea.

SEGONA PART

17
El pla pren forma

Samah no va pronunciar cap més paraula. Va pujar les escales que portaven a la terrassa, on solia tocar la flauta durant les nits estrellades.

Els altres la van seguir sense fer preguntes. Hi confiaven plenament i estaven convençuts que la seva idea seria bona.

A la terrassa, la Princesa del Desert va agafar la seva flauta, que era dins d'una cistella que hi havia a terra, la va empunyar i se la va posar als llavis. Poc després es va difondre per l'aire una melodia que va començar sent molt dolça però que després es va tornar més enèrgica.

Va semblar que l'Avi la reconeixia, perquè va somriure. Ben segur que era l'únic dels presents que coneixia el motiu pel qual Samah executava aquella peça en particular.

Al cap d'uns minuts, va passar una cosa sorprenent. Uns estols d'ocells van envair el cel del desert; eren tan nombrosos que van arribar a enfosquir la llum del sol.

Tothom se'ls mirava amb el nas enlaire. Diamant va fer un pas enrere i va buscar protecció entre els braços de Robí.

Després, un dels ocells va baixar a la terrassa i es va posar damunt de l'ampit, davant de Samah, que no havia deixat de tocar en cap moment.

Llavors, tots els presents es van adonar que no eren uns ocells qualssevol sinó les meravelloses àguiles del desert, uns ocells rapaços amb una extraordinària envergadura d'ales i una elegància innata en tots els seus moviments. L'exemplar que s'havia posat davant de Samah tenia el plomatge llis i lluent, de color xocolata; un bec gros i esmoladíssim, i uns ulls de color daurat que infonien alhora temor i respecte.

El rapaç va plegar les ales i va proferir un xiscle agut que va espantar totes les noies, tret de Samah, evidentment. La Princesa del Desert va deixar de tocar la flauta i va allargar una mà cap a l'àguila, que va semblar que s'inclinava.

—Gràcies per haver vingut —li va dir Samah.

L'àguila la va mirar com si pogués entendre les seves paraules. La princesa va reprendre la paraula:

—Necessito la vostra ajuda, fidels amigues. Una bruixa malvada amenaça el nostre estimat regne i els mitjans de què disposem per afrontar-la no són gaire eficaços. Ara us explicaré què heu de fer.

Samah es va posar la flauta a la boca i va tornar a tocar.

L'àguila la va escoltar amb atenció. Després, va emetre un altre xiscle potent i va tornar a desplegar les ales. Les va agitar vigorosament i es va elevar al cel.

Els ulls de tothom en van seguir el vol fins que ja no la van poder distingir de les altres.

Llavors Samah va deixar de tocar i va contemplar l'espectacle. Les àguiles s'acostaven i s'allunyaven, componien i descomponien figures diferents, giravoltant plegades. Després, una d'elles es va posar al capdavant i va guiar les altres molt lluny d'allà. Van desaparèixer per l'horitzó emetent un crit que semblava de batalla.

—Què els has demanat, a les àguiles? —va preguntar en aquell moment Diamant.

—Els he demanat que vagin al desert i que agitin les ales, totes alhora, amb tota la seva força.

—Vols que alcin la sorra?

—Sí, Kalea. Però no és solament això. Vull que provoquin una autèntica tempesta de sorra. Avui tenim uns vents molt favorables, que la portaran de dret a Arcàndida i aturaran l'atac de Fogària.

—Tu creus que això ajudarà Nives i els altres a repellir l'atac dels Serpentdracs?

—Espero que sí. La sorra despista molt quan no hi estàs habituat, pots arribar a perdre completament el sentit de l'orientació.

—És una idea genial, germaneta. Molt bé!

L'Avi també semblava satisfet de la pensada de Samah, i li va dedicar un somriure.

Poc després, en la llunyania, es va alçar de terra un núvol daurat.

—Mireu! —va exclamar Daishan, alegrement.

—És meravellós —va comentar Purotu, que era al seu costat.

La noia es va tombar cap a ell i li va somriure. Era un noi guapo i amable, amb una mirada lluminosa i una conversa brillant. I ella, abans d'aquell dia, ni tan sols sospitava la seva existència.

Mentre tothom estava ocupat contemplant la tempesta de sorra, ella va canviar de tema.

—Ja et trobes bé, oi?

—Sí. Gràcies per haver-me cuidat.

—No es mereixen.

—Si m'hagués passat alguna cosa, Kalea no m'ho hauria perdonat mai.

—Abans estava molt enrabiada, oi?

Ell va abaixar la mirada.

—Sí, ja ho sé, i em sap greu, però no em podia quedar a Flordoblit patint per si corria cap perill. Volia ser útil! Com ho vaig ser amb la Flota dels Abismes —va dir Purotu, creuant els dits perquè la noia no estigués al corrent de la història i no sabés que havia caigut al mar i l'havia pescat el vaixell pirata del capità Buhl.

—Què és això de la Flota dels Abismes?

Ell li va explicar el que havia succeït, posant-hi una mica de fantasia en alguns fragments de la narració.

—Deus ser molt valent, tu.

—No més que qualsevol altre... —va respondre ell amb falsa modèstia—. Escolta: t'agradaria venir al Regne dels Coralls i conèixer el palau reial de Flordoblit?

Els ulls de Daishan es van il·luminar de cop.

—Oi tant! M'encantaria! —va dir. Però després s'ho va repensar:— Però no sé si Samah me'n donarà permís...

—Ves, per què no?! També podria venir ella, amb Kalea i les altres germanes. Ho podríem organitzar perquè coincidís amb la festa del Peix d'Or.

—I què és això?

—És una gran festa, la més gran que se celebra a les illes. I cada any té lloc durant el mateix període, és a dir: quan els raríssims exemplars del peix d'or neden en les aigües del Mar dels Camins.

—O sigui que aquest peix és especial perquè és rar?

—Sí, però també perquè les seves escates tenen unes propietats medicinals extraordinàries. De fet, després que el capturi algú durant una competició de pesca, es passa tot un any en una peixera enorme que es troba en una sala del palau reial. L'aigua en què neda té unes propietats molt beneficioses i l'administrem a persones que pateixen certes malalties.

—Que bonic! M'imagino que qui guanya aquesta competició es converteix en una mena d'heroi.

Purotu va assentir.

—L'has guanyat tu, aquest any?

—Malauradament, no —va dir, disgustat—. La va guanyar un pescador que es deia Anoi. Però més endavant vam descobrir que era el Príncep sense Nom, que havia pres les faccions d'aquell pescador perquè no el reconeguessin.

—Que n'és, de menyspreable!

—Que el coneixes?

—Doncs sí, pobra de mi. Amb el seu coleòpter de color cobalt, el Príncep sense Nom em va doblegar la voluntat mentre dormia i em va obligar a robar l'estrofa de Samah i a entregar-la al seu ajudant —va respondre donant un cop d'ull en direcció a Robí.

A Purotu no li va passar per alt, però es va estimar més canviar de tema.

—Ja... I ara han aparegut les bruixes.

—Jo no en sabia res, t'ho imagines? —va replicar immediatament Daishan—. Samah ens ha mantingut al marge de tot per protegir-nos.

—Jo, l'únic que en sé és que viuen en un lloc que em fa venir esgarrifances només de pensar-hi: es diu Castelloblic.

—Castelloblic?

—Sí. En diuen així perquè al seu interior tot canvia de posició contínuament: les parets, les escales, les estances, les finestres, tot.

—És a dir, que qui hi entra s'hi perd.

—Exacte. I, a més, tinc entès que no és gens fàcil trobar-lo. Potser és allà on tenen empresonat Helgi.

—Què dius, ara?!

Purotu es va adonar que, realment, la noia no sabia res de res.

—Temem que sí. Però nosaltres el trobarem i derrotarem les Bruixes Grises! —va exclamar amb fermesa.

Daishan el va contemplar, admirada. I es va posar lleugerament vermella.

Poc després Samah es va acostar a Daishan, i, en un to més dolç que de costum, li va dir:

—Ho sento molt, però haurem d'ajornar la teva festa. Em sap greu, però ens trobem en una situació molt greu. Hem de marxar immediatament cap a Jangalaliana.

Daishan, contràriament al que s'esperava la Princesa del Desert, no va protestar.

—És clar, ho comprenc. No et preocupis per la festa. Ja la celebrarem quan hàgim derrotat les bruixes.

De primer, Samah la va mirar, sorpresa. Però després ja es va imaginar que Purotu li havia explicat tot el que sabia.

—Perdona'm per haver-te ocultat la veritat. Ho vaig fer per protegir-te, creu-me.

—No cal que t'excusis. No fa cap falta. Ja sóc prou gran i he comprès la situació. Vés-te'n tranquil·la. Armal, jo i... Purotu protegirem l'Avi i Rocadocre amb tots els seus habitants.

Samah va fer un somriure i va plantar un petó afectuós a la galta de la seva cosina.

Ara sí que se'n podien anar.

18
Un combat sense treva

No sé quant de temps podrem continuar resistint, príncep! —va dir un dels homes del poble. Duia la jaqueta socarrimada i tenia la pell del rostre enrogida per la calor.

En aquell mateix moment, va aparèixer un soldat amb armadura que va assestar un cop d'espasa contra Gunnar, acompanyat d'un soroll metàl·lic terrorífic.

El Príncep dels Gels va reaccionar immediatament. Va aferrar l'empunyadura de la seva espasa i la va fer vibrar contra la del soldat. La topada va ser molt violenta, però el soldat amb armadura semblava dotat d'una força sobrehumana i d'una resistència sorprenent.

Els ulls de Gunnar centellejaven d'orgull, al qual s'afegia la desmesurada ferotgia de llop, que no l'havia abandonat mai. Hauria fet qualsevol cosa per defensar Nives i la seva terra. Qualsevol cosa!

Es va tornar a abraonar contra el seu adversari, que va fer un pas enrere. Va assestar un cop potentíssim, directe al pit de l'enemic. L'espasa de Gunnar va xocar amb l'armadura, però només va aconseguir ratllar-la, perquè era indestructible gràcies a la màgia que l'havia forjat. El soldat es va veure obligat a fer un altre pas enrere.

L'home del poble va aprofitar la vacil·lació per infli-

gir-li un cop als panxells que el va fer caure cames enlaire.

Gunnar no va perdre el temps: el va desarmar fent volar l'espasa ben lluny, on no la pogués recuperar fàcilment. Després li va saltar al damunt i el va bloquejar a terra.

—Estàs al servei de Fogària, oi? Parla! —li va exigir.

Però no va sorgir cap so de l'armadura.

—T'he dit que parlis!

—Potser no us entén —va suggerir l'home del poble.

Gunnar no hi havia pensat. Però no era una hipòtesi sense solta ni volta. I es va recordar que ell, quan era un llop, tampoc no podia parlar.

Llavors va decidir treure l'elm a l'home de l'armadura.

El va aferrar amb totes dues mans i el va estirar, però el soldat hi oposava una gran resistència. Tenia una força sobrehumana. L'home del poble va provar d'ajudar el príncep subjectant el presoner, però en aquell moment es va fixar que se'ls acostaven dos soldats amb armadura.

—Ens hem d'afanyar! —va cridar.

Gunnar es va adonar de la situació i va fer una estrebada tan forta com va poder. Finalment, l'elm va cedir i

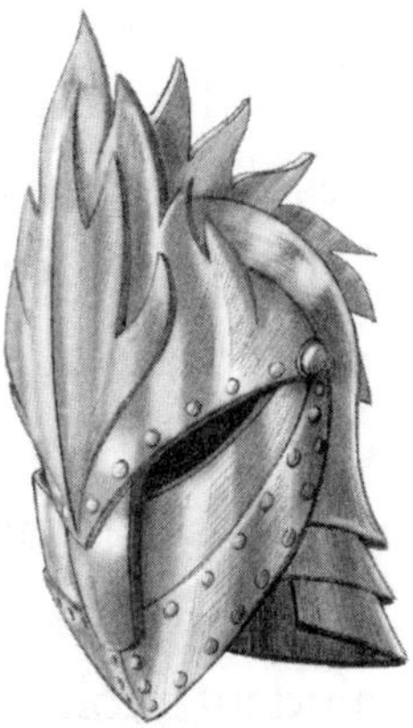

es va desenganxar del tot del bust de ferro.

El príncep i l'home van obrir uns ulls com taronges de l'estupor: era buit!

No hi havia cap! No hi havia res! L'interior de l'elm era completament buit.

—No hi ha ningú! —va exclamar Gunnar.

—Mireu, príncep! Està immòbil.

Era veritat. Des del mateix instant en què Gunnar havia arrencat l'elm, l'armadura havia cessat de bellugar-se.

—És a dir, que és així com funciona! De pressa! Hem d'avisar els altres que l'única manera de derrotar aquests éssers al servei de Fogària és treure'ls l'elm!

—Me n'hi vaig immediatament! —va respondre l'home, abraonant-se contra les dues armadures que arribaven.

—Ja no ens fas cap por, Bruixa de les Flames! —va dir Gunnar, amb la mirada girada cap al volcà.

Va córrer la veu i va arribar fins a Nives.

La princesa havia combatut amb molt de coratge fins aquell moment. Gunnar estava més que segur de la destresa i el coratge de la Princesa dels Gels; tot i així, el vincle fortíssim que l'unia a ella havia fet que no la perdés de vista ni un instant.

La batalla estava en ple apogeu.

Els dracs continuaven bufant vapor roent sobre el gel, que no parava de fondre's.

I les seves forces no eren infinites.

—Gunnar! Haver descobert el seu punt dèbil ens està ajudant molt, però no sé fins quan! —li va dir Nives, que va anar fins on era ell—. A més, cal tenir en compte els Serpentdracs. Són enormes i molt més veloços que nosaltres. Necessitem massa homes per enfrontar-nos a un de sol. Què fem?

Gunnar va mirar al seu voltant, com si esperés trobar-hi una solució.

La veritat era que els feien falta uns reforços que no arribaven. Era possible que el rei i els altres els haguessin abandonat? No, no era una hipòtesi gens versemblant i ell no hi volia pensar de cap de les maneres. Ben segur que l'ajuda que els calia amb tanta urgència estava a punt d'arribar, va pensar.

Però a l'horitzó encara no es veia res, a banda dels homes i les dones del poble, que amb un coratge fora del corrent feien els possibles per defensar el seu regne.

Després, de sobte, els núvols grisos es van tenyir d'un color estrany, molt més lluminós, amb unes tonalitats que anaven del daurat al coure, i tot el cel es va convertir en una cúpula increïblement resplendent.

—Què passa? —va preguntar Gunnar.

—No ho sé —va respondre Nives, amb la mirada fixa en les altures—. No és una aurora boreal. És raríssim.

Lentament, va començar a caure dels núvols una cosa impalpable i clara.

—És sorra! —va exclamar la princesa.

—Com és possible que hagi arribat fins aquí?

Nives no en tenia ni idea, però de seguida va pensar en Samah i en el Regne del Desert.

—Potser és l'ajuda que estàvem esperant!

—No entenc com... —Gunnar no va tenir temps d'acabar la frase que un vent impetuós va fer giravoltar la sorra i la va acumular en un vòrtex dens i violent.

Els homes del poble van advertir el perill i se'n van allunyar però no tant que els impedís veure com el núvol daurat envoltava completament els Serpentdracs i els seus genets.

Gunnar, en canvi, s'hi va acostar amb una barreja de coratge i curiositat, però era molt difícil distingir-hi res perquè la visibilitat era pràcticament nul·la.

—Vés amb compte —li va recomanar Nives, agafant-lo de la mà.

Ell li va somriure amb dolcesa, i després es va introduir en la densa capa de sorra, fent servir els braços com a escut protector.

A l'interior, no s'hi veia gran cosa, però Gunnar va poder distingir la silueta d'un Serpentdrac que vagava sense meta. Semblava que havia perdut completament el sentit de l'orientació.

«Hem d'aprofitar l'ocasió», va pensar el Príncep dels Gels.

Va sortir corrent del núvol daurat i va dir al primer home que va trobar:

—Els Serpentdracs i els soldats de l'esquadra han perdut el sentit de l'orientació per culpa de la sorra. Aprofitem-ho per empenye'ls cap al mar i treure els elms de les armadures. Els penya-segats són a pocs centenars de metres d'aquí!

—A les ordres, príncep! —va assentir l'home.

Gunnar va impartir unes indicacions molt precises:

—La tempesta de sorra juga a favor nostre. Ens dividirem en dos grups: el primer s'ocuparà dels Serpentdracs, i el segon s'encarregarà de les armadures de l'Esquadra de Ferro. Dividits en dos fronts tindrem moltes més possibilitats d'èxit!

L'ordre de Gunnar es va divulgar amb el boca-orella fins que tothom en va estar al corrent.

—És una bona idea —va dir la Princesa dels Gels—. Segurament les armadures s'enfonsaran com pedres, un cop els hàgim tret els elms. Però els Serpentdracs... No ho sé. I si saben nedar?

—És una possibilitat, Nives. Però, sigui com sigui, ho hem d'intentar.

—És clar, tens raó.

Mentrestant, alguns homes del poble s'havien tapat el nas i la boca i havien entrat al núvol de sorra per enfrontar-se a les armadures de l'esquadra. Uns altres van fer costat a Gunnar i Nives en la lluita contra els Serpentdracs i els van empènyer cap al gelat litoral del regne. Els altres homes treien els elms a les armadures desorientades i les empenyien cap al mar.

Però no era fàcil. La sorra es ficava als ulls dels combatents i els feia llagrimejar. Tot i així, amb la força dels seus cors valents, els guerrers que guiava Gunnar van fer precipitar al mar el primer Serpentdrac.

Es va sentir un cop sord, que va aixecar una onada gegantina. L'aigua va esquitxar el gel i les persones.

Mentrestant, la tempesta de sorra semblava haver perdut intensitat.

Era el moment d'assestar el cop definitiu.

Per això, en sentir el senyal de Gunnar, els homes van aplegar totes les seves forces i es van llançar a l'atac del que quedava de l'Esquadra de Ferro. L'una rere l'altra, les armadures van caure al mar i es van enfonsar com peces de plom. Després, els homes del poble van atacar els últims Serpentdracs amb una càrrega potent.

Quan l'últim ésser de l'exèrcit de Fogària va tocar la superfície de l'aigua, el vent va cessar i la sorra es va dipositar damunt la neu, mostrant als homes un espectacle excepcional.

Tan bon punt van prendre contacte amb l'aigua, els Serpentdracs es van transformar en uns animalons molt més petits: en la superfície del Mar dels Camins, un estol de serps d'aigua d'escates lluents s'allunyava esmunyint-se entre les onades.

—Que ho heu vist? —va preguntar una dona del poble—. Eren serps d'aigua!

—Unes víctimes involuntàries dels encanteris de la bruixa —va respondre Nives, atònita.

—Hem salvat Arcàndida i els seus gels —va afegir la princesa, contemplant la planura que tenia al davant, on hi havia una gran estesa d'elms buits.

Els costers del volcà Rejki oferien un espectacle insòlit: en lloc de les habituals colades de lava, hi havia uns regalims d'aigua que davallaven pel pendent com rierols. Per si això no fos prou, per culpa de l'atac dels Serpentdracs, molta de la neu que abans cobria els costers de la muntanya s'havia fos i havia aflorat la terra fosca que hi havia sota.

—La neu tornarà molt aviat, no pateixis —va afirmar

Gunnar per tranquil·litzar la seva esposa mentre l'abraçava tendrament.

Ella no va respondre; es va limitar a fer una última mirada a les serps que desapareixien entre les onades, però es va jurar a si mateixa que no permetria que ningú tornés a posar en perill el seu regne.

19

L'arribada del rei

Iara estava extenuada. Era al seu estimat bosc, amb Vannak i Lalima. Havia lluitat durament contra la bruixa Fogària i havia aconseguit derrotar-la. Si més no, de moment.

—Té, menja —li va dir Vannak, allargant-li un fruit vermell tallat per la meitat. Al cor, hi havia unes llavors del mateix color que semblaven gotetes lluents i gomoses.

Iara va agafar el fruit i va començar a menjar-ne les llavors. Tenien molt mal gust, però en coneixia prou bé les propietats i sabia que l'ajudarien a recuperar les forces. Per això es va esforçar per menjar totes les llavors.

—Tinc set —va dir després amb un fil de veu.

Vannak va deslligar la cantimplora que duia penjada al cinturó i l'hi va oferir.

La Princesa dels Boscos va beure àvidament, es va eixugar la boca amb el dors de la mà i es va posar dreta.

—Ja em sento molt millor.

Lalima es va refregar contra les seves cames i li va mostrar l'esquena perquè hi pugés al damunt.

—No, gràcies, puc caminar tota sola.

—Jo, de tu, ho aprofitaria. El palau reial és molt lluny i estàs molt cansada.

—El palau reial, dius? No hi penso tornar. Encara no hem apagat del tot l'incendi!

—Et convé reposar, perquè, si no, no seràs de gaire ajuda.

Iara va reflexionar. No li agradava donar la impressió de debilitat, però havia d'admetre que la lluita contra Fogària havia estat esgotadora.

—D'acord, som-hi!

Va muntar a la gropa de Lalima, però la pantera no es va bellugar. Mirava Vannak.

—Em penso que vol que hi pugis tu també —va dir Iara.

—Però si jo...

—El palau reial és molt lluny i estàs cansat...

—Entesos, entesos. Ja hi pujo.

Quan tots dos ja eren a la seva gropa, la pantera va fer un salt i va arrencar a córrer en direcció a Jangalaliana.

Lalima era un animal molt sensible. Per això, coneixent l'amor de la princesa pel bosc, va evitar passar per les zones més malmeses i les que encara cremaven, malgrat els esforços dels habitants dels poblats i l'ajuda dels pelicans.

—Has estat molt valenta. Estic molt orgullós de tu! —li va dir Vannak mentre tornaven a casa.

Iara es va posar vermella.

—Gràcies, però encara hem de fer moltíssimes coses. El bosc crema i haver expulsat la bruixa no significa que l'hàgim derrotat definitivament.

—Ja trobarem una solució.

—Sí, però l'hem de trobar de seguida, o ja no quedarà res per salvar.

Vannak no va replicar. Es va limitar a olorar la flaire del bosc i a allunyar del pensament la imatge d'un regne sense arbres.

~ * ~

Quan Iara, Vannak i Lalima van arribar a Jangalaliana, hi van trobar una gran efervescència. Hi havia un gran vaivé de persones, moltes de les quals provenien dels diferents poblats del regne. Duien la roba socarrimada, tenien els rostres ennegrits pel fum i el sutge, i una expressió trista i cansada dibuixada a la cara.

Però, després, a la base del tronc, molt a la vora de l'entrada, la princesa va veure un home. Parlava amb Sumati i estava d'esquena. Però ella l'hauria reconegut fins i tot enmig de la multitud més densa.

—Pare! —va exclamar la Princesa dels Boscos, exultant d'alegria.

Va desmuntar de la gropa de la pantera i va arrencar a córrer cap a ell.

El rei va obrir els braços per acollir-la i abraçar-la amb força.

—Petitona meva! Com estàs?

—Ai, pare, si sabessis el mal tràngol que estem passant! —li va respondre ella, amb els ulls lluents d'emoció.

—He rebut el teu missatge. I he vingut tan aviat com he pogut.

—Malauradament, la situació és molt greu. Gran part del Bosc Vivent està envoltat de flames. I encara que tothom procura donar un cop de mà, sembla que els nostres esforços no són suficients.

—Però Iara ha derrotat la bruixa Fogària —va dir Vannak, tímidament.

—Salut, Vannak! De debò que Iara ha derrotat la bruixa? Explica-m'ho tot mentre anem pujant a palau i decidim l'estratègia a seguir.

Van traspassar el reixat de fusta i van començar a pujar la llarguíssima escala, també de fusta, que s'entortolligava al voltant del tronc immens sobre el qual estava construït el palau de Jangalaliana.

Iara l'hi va explicar tot fil per randa al seu pare. Li va parlar de la ferotgia de Fogària i del seu desig de destruir el Gran Regne amb la seva terrible arma: el foc.

—La situació no és gaire millor a Arcàndida, per desgràcia. La bruixa hi ha enviat els Serpentdracs, uns dracs amb cos de serp, acompanyats d'un exèrcit que anomena l'Esquadra de Ferro. Volen fondre els gels d'Arcàndida!

—Quin horror! I tots els altres s'han quedat allà, per combatre'ls?

—Només Nives, Gunnar i els habitants del poble. Els altres han anat a Rocadocre, per avisar Samah.

—Vés a saber si aquella zona del regne està patint un atac...

—Espero que no. Parla'm de la vostra situació.

—Fem els possibles per apagar el foc. Aquí no han vingut els Serpentdracs, però la bruixa ha provocat l'incendi en persona.

La preocupació va velar els ulls del rei. Però tenia la seva filla al davant, sana i estàlvia. Això era el més important.

—Però tu has estat més forta que ella!

Iara va assentir, amb orgull.

—Ha estat molt dur, perquè les meves fletxes no podien fer res contra ella. Però, al final, gràcies a l'ajuda de Lalima, me n'he sortit.

El rei va amanyagar el coll lluent de la pantera.

—Gràcies, Lalima.

—Hi hem de fer alguna cosa, Majestat! El bosc corre un perill molt greu —va dir Vannak, reclamant la seva atenció.

—Sí. Hauríem de portar aigua al més a prop possible del focus de l'incendi. Però... com?

—Els pelicans que ens ajuden no són suficients, ni tampoc els braços humans.

—Entesos, Vannak. Haurem de rumiar una altra solució.

Llavors, el rei es va posar a caminar per les passarel·les de fusta que comunicaven els diferents sectors del palau. De sobte, es va aturar i va dir:

—Em penso que ens convé fer una visita al Savi dels Coleòpters de color Cobalt!

20

Vents de venjança

Fogària estava fora de si. Fins aquell dia, ningú s'havia atrevit a tractar-la d'aquella manera ni a enfrontar-s'hi amb tanta arrogància com havia fet aquella mocosa inútil de l'arc i les fletxes.

—Ningú! —va cridar en veu alta, en la seva estança.

Va semblar que les parets vibraven en resposta al seu clam.

—I ara! Es pot saber què t'ha passat? Sembla que t'hagin rostit a l'ast! —li va dir Etèria, en un to desdenyós.

La roba de Fogària estava molt malmesa i socarrada en diversos punts i, a més, tenia uns forats enormes a la faldilla. Els seus cabells, estarrufats, semblaven nius d'ocell. I tenia el rostre negre, de ràbia i sutge.

—Calla, provocadora! Me les pagarà, aquella noieta impertinent!

—De qui parles?

—De Iara, la princeseta de les lianes i les fletxes.

—No em diguis que t'ha derrotat...

—És clar que no! Només he tingut un petit problema amb una flamarada —va explicar, ometent el detall de l'aigua que li havia abocat al damunt el pelicà.

—No me'n sé avenir, Fogària: has estat víctima del teu propi element?

—No em vinguis amb ironies! Ha estat culpa d'aquell gatot selvàtic.

—Vols dir la pantera de Iara?

—Sí, ella. M'ha atacat per darrere, a traïció. M'he posat a seguir-la i he estat víctima d'una caiguda de branques enceses. Llavors he pensat que era el moment oportú de fer-me fonedissa.

—Estàs feta una pena.

—Gràcies per animar-me.

—I ara què penses fer?

—Només una cosa: venjar-me. I serà una venjança terrible, ja ho veuràs.

La bruixa Etèria es va fregar les mans.

—Ah, sí? I com? Explica-m'ho, va!

—Ni pensar-hi. Parlar dels plans abans d'hora porta malastrugança, prou que ho saps.

—Des de quan t'has tornat supersticiosa?

—Des d'ara mateix. Deixa'm en pau! Toca el dos!

—Antipàtica!

—Repel·lent!

—Voleu parar? Se us sent des de tres pisos més amunt —va dir Xisclòria, que entrava en aquell moment.

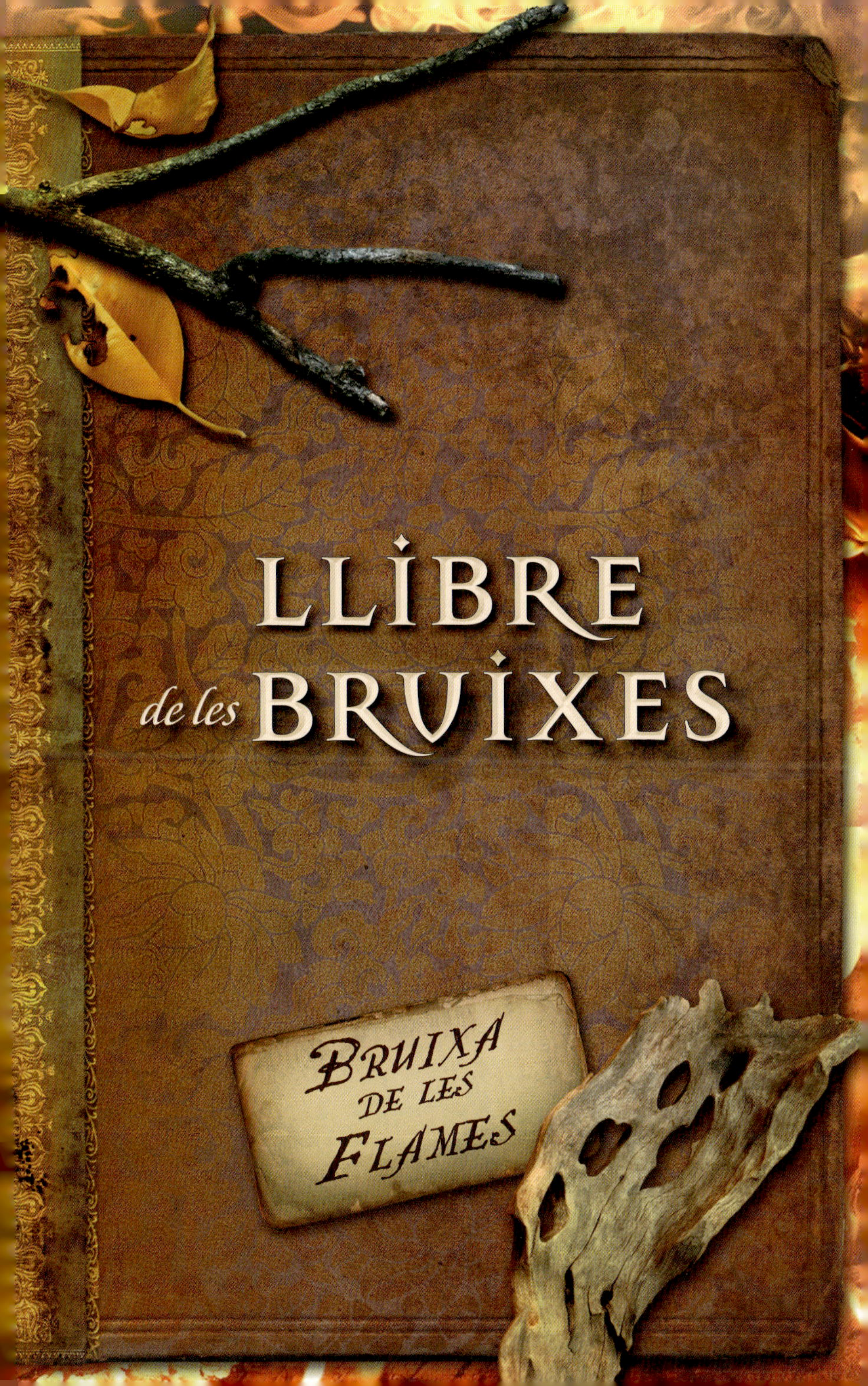
LLIBRE
de les BRUIXES
BRUIXA
DE LES
FLAMES

Què busqueu, audaços lectors? Què us impulsa a buscar entre aquestes pàgines impreses? Que no us falli el coratge ara, si preteneu descobrir els secrets de Fogària, senyora de les guspires i del foc devorador. Per investigar la Bruixa de les Flames, heu d'anar de dret a la seva estança, excavada en la lava, en un dels sectors més perillosos de Castelloblic...

FOGÀRIA

Pell morena,
il·luminada
mb un maquillatge
e color coure.

Capa
tenyida en el
Magma Màgic

Cabellera
amb un
pentinat...
volcànic!

Una agulla guarneix
el vestuari de Fogària
alhora que li subjecta
la capa.

Esbós de l'agulla-fermall
de Fogària

I en un indret secret de Castelloblic, en un punt impossible d'indicar perquè a la residència de les Bruixes Grises tot canvia de posició contínuament, es troba la Forja de les Flames, el quarter general de Fogària, on tots els seus plans prenen forma i direcció silenciosament...

Al centre de la forja, destaca el gresol per fondre els metalls. Controlant el foc i les flames, la bruixa fon la matèria en totes les seves formes, per donar vida a uns objectes màgics molt poderosos.

COFRE DEL FOC

Només una clau màgica pot obrir el Cofre de les Brases, que custodia uns objectes molt valuosos: les làmines de plata màgiques on hi ha gravades les estrofes de la Cançó de la Son...

Cada bruixa posseeix un amulet que li és propi i no se'n separa mai. És l'amulet el que proporciona a les Bruixes Grises els poders màgics i la infal·libilitat en l'atac. En el cas de Fogària, l'amulet és un penjoll de Jaspi Vermell guardat en una bosseta de Vellut Magmàtic. L'orna una cadeneta de grans de Quars Revelador, purificat amb un bany en el magma incandescent.

PODERS DE FOGÀRIA

Junt amb el control del foc i les flames, Fogària té el terrible poder de la petrificació. Amb un sol gest pot transformar uns desprevinguts éssers animats en rígides estàtues de lava.

Petrificació d'una sargantana al servei de la princesa Kalea

Mona de la guàrdia del Regne dels Boscos transformada en pedra

Talp sentinella del Regne de la Foscor després de topar amb la bruixa Fogària

A l'entorn de Fogària hi ha uns éssers amb uns poders inexhauribles: els Serpentdracs. Si només amb el nom ja infonen temor, veure'ls provoca un terror paralitzant. A mig camí entre dracs i serps colossals, els Serpentdracs destrueixen tot el que es troben al davant, escopint esquitxades de vapor roent i flames incandescents.

ABANS

La Bruixa de les Flames també controla un exèrcit d'armadures indestructibles. En aquesta imatge, veieu un elm normal.

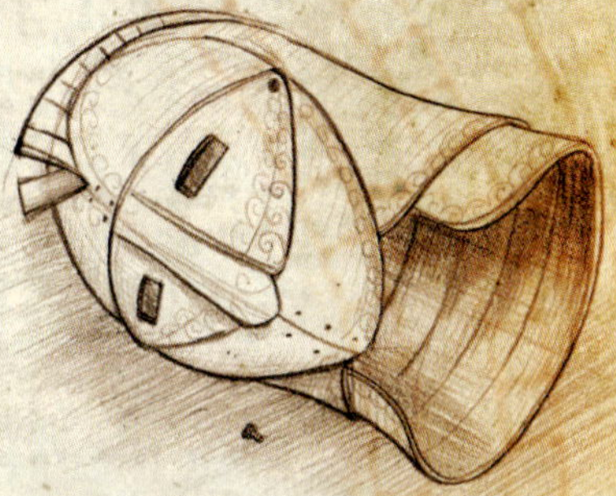

DESPRÉS

Ara, gràcies a un encanteri de Fogària, l'elm pertany a un soldat de l'Esquadra de Ferro, regenerat en el foc i, per tant, potentíssim.

A les Bruixes Grises els agrada enganyar els seus enemics ocultant-se darrere les faccions de noietes boniques o d'ancianes arrugades i desgastades pel temps. Com és possible reconèixer-les i derrotar-les? Hi ha un mètode, però canvia molt sovint...

La veritat és que totes les bruixes tenen un punt dèbil. En el cas de Fogària és l'aigua, l'únic element que pot neutralitzar els seus poders i anul·lar la seva màgia.

Ull
del Subsòl, tallat
en forma de brillant

L'Ull
del Subsòl
fa que el collaret
de la Princesa de la Foscor
sigui únic

Hi ha una pedra, anomenada Ull del Subsòl, capaç de revelar la presència de les bruixes escalfant-se de sobte. Aquest mineral també té el poder de reforçar el vincle entre dues persones properes en l'afecte però llunyanes en la distància, com les princeses Nives i Diamant.

Un temperament implacable i ardent com el foc empès pel vent. Aquest és el caràcter de Fogària, la més decidida de les Bruixes Grises. Per la seva habilitat en el maneig del foc, la Bruixa de les Flames també és una autèntica mestra en l'elaboració del vidre i del metall. Ella va crear i posar en funcionament els alambins que utilitza Sulfúria, la Bruixa de l'Aire, per obtenir essències i perfums...

El segell amb el símbol de les flames és un regal que Cendrària va fer a Fogària, com a auguri d'una amistat sòlida i duradora.

Fogària i Cendrària, companyes inseparables, admiren extasiades un volcà en erupció.

Quin secret s'amaga en el passat de Fogària? Què la va impulsar a unir-se a les Bruixes Grises? Descendent d'una família de vidriers, a Fogària sempre l'havia fascinat el foc i el seu poder. La seva vida hauria transcorregut entre els colors i les formes d'una vidrieria, si no hagués succeït una cosa que li va canviar la vida per sempre...

Aquesta cosa va ser un amor no correspost. La desil·lusió i el dolor que va sentir Fogària la van portar a entrar en el Vòrtex Gris, i va elegir el foc com a destí, el foc, que, segons ella, escalfa molt més que qualsevol sentiment...

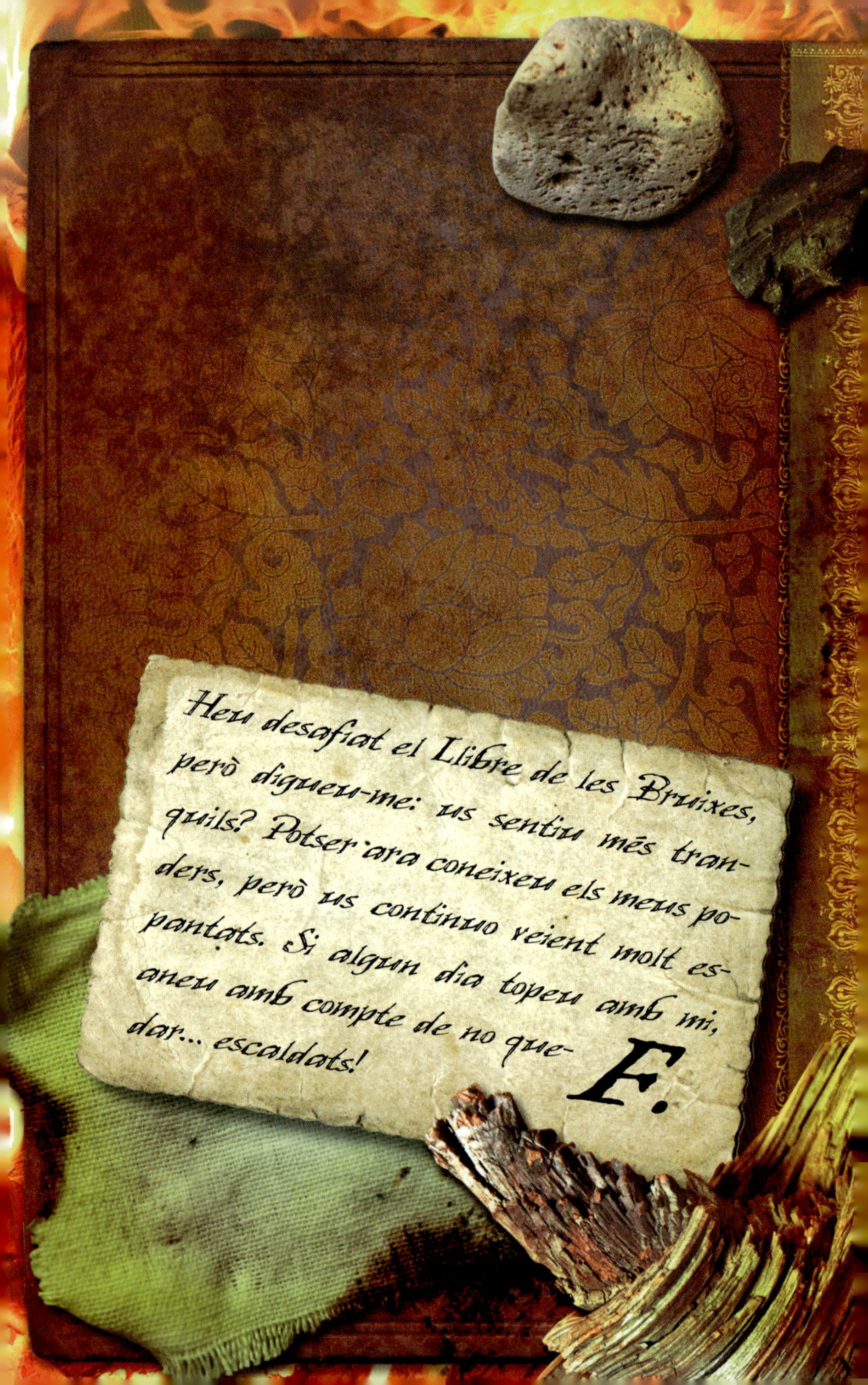
Heu desafiat el Llibre de les Bruixes,
però digueu-me: us sentiu més tran-
quils? Potser ara coneixeu els meus po-
ders, però us continuo veient molt es-
pantats. Si algun dia topeu amb mi,
aneu amb compte de no que-
dar... escaldats!
F.

—Tu fins i tot sentiries un ratolí que camina al celler —va replicar Etèria.

—Mira qui parla! Pel que fa a tenir una oïda fina, no tens gaires rivals, tu.

Les bruixes van callar.

—Hi ha novetats del presoner? —va preguntar Fogària.

—No. Quan Ella l'ha anat a veure, només se sentia la seva veu. O estava inconscient, o estava emmordassat —va respondre Xisclòria—. Però estic convençuda que encara és aquí.

Etèria s'ho va pensar un instant:

—Alguna de vosaltres l'ha sentit parlar alguna vegada? O li heu vist la cara?

Totes van fer que no amb el cap.

—Ni tan sols en sabem el nom. Va ser Ella qui el va capturar i el va tancar en aquella cel·la —va respondre Fogària.

—Aneu a saber qui és i per què és tan important per a Ella —va dir Xisclòria.

—Tard o d'hora ho esbrinarem. L'important és que Ella no descobreixi la situació en què es troba Aquària. Continua en el mateix estat? —va preguntar Fogària.

Etèria va assentir.

—Avui he fet un altre intent de despertar-la, però no hi ha hagut res a fer; no reacciona de cap manera.

En aquell moment es van sentir unes veus agitades.

—Veniu! De pressa! —va dir la bruixa Cendràrià, panteixant.

—Ha passat una cosa terrible! —va exclamar Sulfúria, passant-se les mans pels cabells.

Les altres bruixes, preocupades, les van seguir pels passadissos de Castelloblic. Mentre caminaven, les parets formaven perspectives noves, canviaven de direcció i, fins i tot, d'inclinació. Al final, les cinc Bruixes Grises van arribar a una escala que, aparentment, pujava cap al buit. Però quan van ser a l'últim esglaó, un segon tram d'escales es va afegir al primer, i després un tercer, que pujava en lloc de baixar i, per acabar, un quart tram, que feia una baixada molt més llarga que les anteriors.

Poc després es van trobar davant d'una porta entreoberta. Era la de les estances d'Aquària. Les bruixes, precedides per Cendràrià, van entrar en un ambient resclosit, embolcallat en una llum blau-grisa, on se sentia una llunyana remor d'aigua.

—Veniu a la piscina —va dir la Bruixa de les Cendres.

Així que es van abocar al caire, es van quedar sense paraules, bocabadades per la sorpresa.

El rostre d'Aquària, que ara era a flor d'aigua, estava canviant. La seva pell, que normalment era grisa com el mar en els dies núvols, havia adoptat una tonalitat rosada, i els cabells, que abans eren de color verd petroli i semblaven unes grans algues ramificades, ara tenien un matís que tirava cap al castany fosc.

—Les mans també semblen diferents. Mireu! —va dir Etèria, assenyalant una mà petita i clara que no s'assemblava gens a la que recordaven, que més aviat feia pensar en l'urpa d'una rapaç.

—Però què li passa?

—No t'ho sabria dir, Sulfúria. Fa poc he vingut a veure com estava i me l'he trobat en aquest estat —va respondre Cendrària.

—Potser l'hauríem de treure de la piscina —va proposar Etèria.

—Ja ho he provat, però el cos està com bloquejat.

—Provem-ho entre totes —va dir Fogària.

Les bruixes es van posar als costats de la piscina.

—Prepareu-vos: quan digui «tres» l'aixequem —va decidir Etèria—. Un, dos i tres!

Però no va passar res: el cos de la Bruixa de les Marees pesava com una muntanya.

Ho van tornar a provar, però amb el mateix resultat.

Fogària, desanimada, va dir:

—Val més que la deixem aquí i la tinguem sota control. Ara com ara, no podem fer res més.

Van sortir d'aquella estança i van tornar a les seves. Malgrat que cap d'elles s'havia vist amb cor de dir-ho, totes havien tingut la mateixa sensació, és a dir: que Aquària estava perdent els poders de bruixa.

21
Novament de viatge

A Rocadocre tothom desitjava que la idea de Samah hagués funcionat. Però no existia cap mitjà de comunicació ràpid per assabentar-se'n. Només podien confiar i esperar.

La petita expedició que es dirigia a Jangalaliana va anar cap al baobab.

El passatge màgic del jardí de Rocadocre es trobava en una cavitat de l'interior d'un baobab que, tot i estar envoltat d'arbres altíssims i arbustos amb flors multicolors i perfumades, destacava sobre el seu entorn pel color vermell encès del seu immens tronc.

Samah, tal com havia fet moltes vegades en el passat, va acostar una mà a una escletxa de l'escorça.

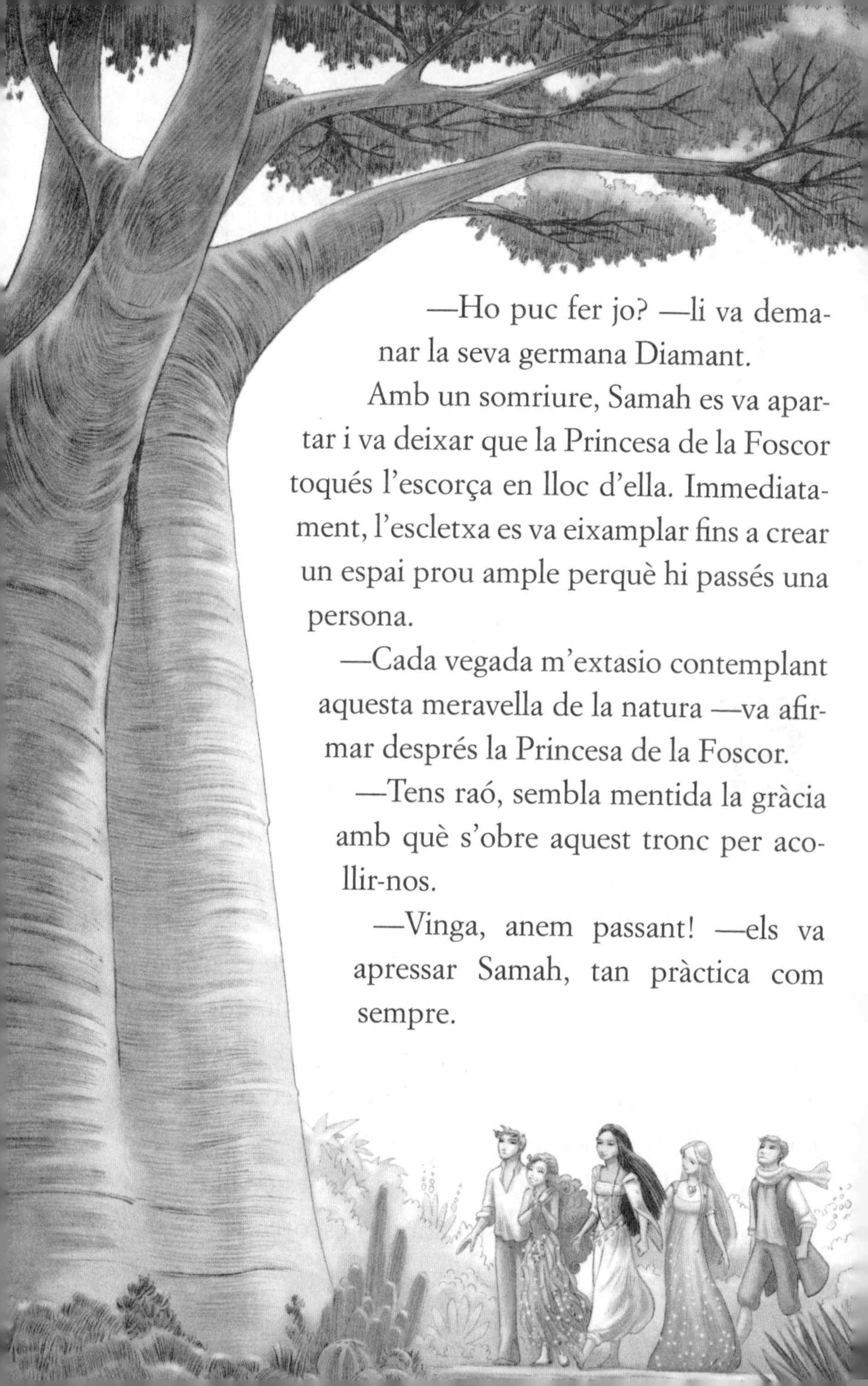

—Ho puc fer jo? —li va demanar la seva germana Diamant.

Amb un somriure, Samah es va apartar i va deixar que la Princesa de la Foscor toqués l'escorça en lloc d'ella. Immediatament, l'escletxa es va eixamplar fins a crear un espai prou ample perquè hi passés una persona.

—Cada vegada m'extasio contemplant aquesta meravella de la natura —va afirmar després la Princesa de la Foscor.

—Tens raó, sembla mentida la gràcia amb què s'obre aquest tronc per acollir-nos.

—Vinga, anem passant! —els va apressar Samah, tan pràctica com sempre.

D'un en un, es van introduir al tronc, i ella es va quedar a la cua. Llavors, va donar una última mirada al palau, i després va desaparèixer també en la foscor del passatge.

~ * ~

Els viatgers es van trobar en una gruta fosca, d'on van sortir seguint la claror que provenia del fons. Un cop fora, van anar a parar a una clariana animada pels xiscles incessants dels animals i el cant dels ocells. Com sempre, la vegetació era molt densa i ufanosa.

Samah i Kalea, sense dir-s'ho amb paraules, van recordar el dia en què havien arribat juntes a Jangalaliana per avisar la petita Iara del perill que representava el Príncep sense Nom. Els va venir al pensament la trobada amb la cria de goril·la i la seva mare, que estaven arraulides darrere d'un arbust atapeït, immòbils i esporuguides perquè s'havien perdut. Llavors, la dolcesa i la serenitat de Kalea les va tranquil·litzar i va resoldre la situació de la millor manera possible. No havia transcorregut gaire temps, i ja es tornaven a trobar en un perill greu.

Tots van dirigir la mirada al cel, que era d'un color

gris fosc i dens per culpa de l'incendi. No s'hi veia cap núvol, cosa que significava que no plouria. De moment, si més no.

Amb la seguretat de qui ja coneix el camí, es van endinsar en l'intricat bosc de troncs, branques i arbustos. De sobte, van sentir pudor de cremat, de vegades més dèbil, de vegades més intensa, segons la direcció del vent. Però ni rastre de flames, de moment.

—On deu ser l'incendi? —es va demanar Kalea en veu alta.

—Tant de bo que arribem al palau reial sense topar-hi —va replicar Kaliq.

—Apressem el pas. És molt urgent que parli amb Iara —va dir Samah.

Dit i fet. Després de caminar una estona a pas ràpid, van arribar a l'arbre gegantí on estava situada la cort de Jangalaliana, que se'ls va presentar davant dels ulls en tota la seva majestuositat.

Allà, van veure les primeres persones des que havien arribat. Els altres devien estar ocupats intentant apagar l'incendi del bosc.

Així que van arribar al reixat tancat, Samah va cridar la seva germana.

—Iara!

Poc després, Sumati es va abocar des del capdamunt d'una passarel·la.

—Princesa Samah! Princesa Kalea! Princesa Diamant! No hi ha ningú, aquí.

—On han anat? —va preguntar Samah.

—A veure el Savi dels Coleòpters! —va respondre la dona, cridant—. Els podeu esperar aquí, pugeu!

Samah i els altres, a contracor, perquè s'haurien estimat més ajudar d'una manera més concreta, van fer cas a Sumati i van pujar al palau reial. Els van oferir un suc fresc de mango i els van explicar la situació.

—Potser el Savi dels Coleòpters hi podrà fer alguna cosa. I tant de bo que funcioni! —va concloure Samah.

22
El Savi dels Coleòpters de color Cobalt

L'ancià Savi dels Coleòpters era a la seva cabana, situada als costers de les Muntanyes Moscades i completament aïllada dels poblats.

Estava assegut damunt dels genolls davant d'una olla molt grossa plena a vessar d'aigua. Sota de l'olla, crepitava un foc viu. L'home tenia els ulls tancats i les mans damunt de les cames.

En aquesta postura el van trobar el rei, Vannak, Iara i la seva inseparable Lalima quan van arribar a la cabana.

Les flames encara no havien arribat a aquella zona del bosc i potser l'ancià no s'havia adonat que hi havia un incendi. Això pensava Iara mentre s'acostava a la casa del Savi.

Però s'equivocava.

Quan l'home va sentir els passos que s'apropaven, no va fer res. Va continuar immòbil. Però el coleòpter de color cobalt que tenia damunt d'una espatlla va alçar el vol i es va unir al grup d'expedicionaris.

—Benvingut, sobirà —va dir llavors el Savi, que finalment va obrir els ulls. I després es va posar dret.

—Com sabíeu que era jo? —li va preguntar el rei.

—Us esperava —va respondre el Savi, mentre el coleòpter de color cobalt voleiava davant dels nouvinguts.

Tots van seguir les seves evolucions, que van acabar quan va retornar a l'espatlla del seu amo.

—Quines notícies em porteu? —va preguntar l'home.

—Potser encara no ho sabeu, però el Bosc Vivent s'està cremant! —li va explicar Iara.

Llavors va intervenir Vannak.

—El meu poble, junt amb els Tamangs, els Sepches i els Knots fan els possibles per apagar l'incendi, però les flames són insaciables i ràpides.

—Hem vingut a demanar-vos ajuda —va dir el rei, finalment.

—Ho sé tot. I també la manera de posar fre al foc.

—Com?

—Amb aquesta aigua, princesa. Una llegenda molt antiga diu que per derrotar el foc són necessaris tots dos elements: el foc i el seu oposat, és a dir, l'aigua.

—És per això que heu encès una foguera sota de l'olla?

—Sí, Majestat.

—Però no funciona! El foc no para d'avançar! —li va fer notar Vannak.

—És que encara no l'he posat en pràctica. M'he limitat a preparar-ho tot. Perquè l'antídot faci efecte cal utilitzar la màgia. I per poder-la utilitzar, necessito que vós me'n doneu permís, Majestat.

El rei el va mirar amb una expressió greu.

—Vós, sobirà, vau bandejar la màgia del Gran Regne i jo no tinc intenció de desobeir-vos. Però la situació és crítica i les flames avancen inexorablement. Quan he dit que us espe-

rava, em referia justament a això. Estava en espera de la vostra arribada, i també del vostre vistiplau per poder actuar.

Al rei el va commoure la lleialtat del Savi.

—Us ho agraeixo. És reconfortant saber que al regne hi ha persones tan respectuoses com vós. Teniu raó, si no fem alguna cosa al més aviat possible...

—...Fogària se sortirà amb la seva —va completar la frase el Savi.

—Sabíeu que el foc era obra seva?

—Sí, Majestat. Tal com us deia, hi tinc molts ulls, en aquest bosc.

—Per tant ja sabeu com n'és, de perillosa, aquesta bruixa —va afegir Iara.

—Sí que ho sé. Però, tal com us deia, si només puc comptar amb les meves forces, no podré fer res.

—Sí que podreu. Perquè us en dono permís. Podeu utilitzar l'antídot.

Tothom es va quedar sense paraules. El rei acabava d'autoritzar l'ús de la màgia!

—Pare! N'esteu ben segur?

—Durant els últims anys he combatut la màgia amb tots els mitjans al meu abast, però comprenc que en algunes ocasions no hi ha elecció possible. Sobretot si l'enemic utilitza encanteris sense posar-se cap mena de límit. Si aquesta és l'única manera d'eliminar-la per sempre del regne i de les nostres vides, sí, us autoritzo a recórrer a la màgia!

—D'acord —va dir el Savi.

—Què passarà amb l'antídot de l'aigua i el foc? —va preguntar Iara, angoixada.

—Que controlarem l'incendi.

—Desencadenareu un temporal? —va preguntar el rei.

—Si fa no fa, Majestat. Però més aviat pensava en una pluja torrencial.

—Visca! —va cridar Iara, alleujada.

—No t'embalis, filla. Ja ho celebrarem quan sigui el moment oportú.

—Sí, és clar —va replicar la princesa, més calmada.

—Ho podeu veure, si voleu —va dir el Savi.

El rei va donar una ullada a la seva filla i a Vannak.

—D'acord, ens quedarem, però després us oblidareu de tot el que haureu presenciat d'ara en endavant. Entesos?

Tots dos van assentir, i el Savi va iniciar l'encanteri.

23
Un camí dins del volcà

Mentre la bruixa Fogària tramava la seva venjança i a Jangalaliana el Savi dels Coleòpters de color Cobalt es preparava per portar a terme el seu encanteri, a Arcàndida semblava que, finalment, havia tornat la tranquil·litat.

Gunnar i Nives encara eren als costers del volcà. Es volien assegurar que l'aigua del desglaç que havien provocat els Serpentdracs es tornava a solidificar i es refeia el mantell blanc del regne. I, en gran part, això ja estava succeint.

—Mira! Allà s'ha tornat a formar el gel! —va fer notar Nives.

Però Gunnar estava ocupat controlant els seus llops i

els homes del poble que auxiliaven amics que necessitaven atenció mèdica. Pensava que havia estat una batalla molt dura, i encara no era prou conscient d'haver-la guanyat.

—Tothom ha combatut amb un gran coratge —va comentar Nives, impressionada.

—Sí, malauradament tenim ferits. Però tenim la gran sort que s'està tornant a formar la capa de gel.

En aquell precís moment, va passar una cosa inesperada. Un esquinçall de tela verda va voleiar per l'aire i va anar a caure entre Nives i Gunnar, que el van mirar en silenci.

La van reconèixer de seguida. Diamant havia trobat uns trossos de la mateixa tela socarrimada al Regne de la Foscor. I el rei havia afirmat que pertanyien al jaquetó de Helgi!

—Està calenta —va comentar Nives.

Gunnar es va tombar cap al volcà.

—I prové del cràter del volcà.

—N'estàs segur?

—D'on vols que vingui, si no?

—Tu creus que Helgi es troba a l'interior... del volcà?

—No ho sé, però valdria la pena donar-hi un cop d'ull.

—Mira, aquí, s'hi poden llegir una *a* i una *i* —va dir la princesa, mostrant la tela al seu espòs.

—He d'esbrinar què li ha passat —va dir Gunnar.

—T'hi acompanyo.

—Podria ser perillós.

—Més que els Serpentdracs? A més, jo el conec molt bé, aquest volcà, i et podré guiar fàcilment fins al cràter.

Aquest raonament va convèncer Gunnar.

Nives el va abraçar pensant que no hauria pogut trobar cap home millor que ell.

Llavors, tots dos van començar a ascendir l'escarpat vessant del volcà Rejki.

Al cap d'una hora ben bona de camí, que els va deixar bastant esgotats, van arribar finalment a la boca del volcà.

Vist de prop era enorme. I emanava fum constantment, unes vegades més dens, unes altres més clar, però donava ben bé la sensació que, allà sota, hi bullia alguna cosa.

—Quin espectacle! —va comentar Gunnar.

Al cap d'un instant, com un llamp enmig d'un cel serè, li va venir a la ment la imatge dels bandolers que el van atacar i llançar al cràter del volcà. Aquella experiència va ser la més tràgica de la seva vida. Però, afortunadament, va poder sobreviure. A l'interior del volcà, hi havia trobat un esperit amb faccions femenines que el va transformar en un llop per salvar-li la vida. I va continuar sent-ho fins que l'amor de la seva Nives el va alliberar d'aquell encanteri.

Nives li va llegir el pensament.

—Fes fugir els records desagradables, Gunnar. No et tornaran a transformar en un llop. Tret que no ho demanis tu... —li va dir amb un somriure dolç.

—Ja ho sé, Nives. Però de vegades penso en tot el que m'ha passat en la vida i sempre arribo a la conclusió que totes les coses bones te les dec a tu.

—I jo a tu.

Gunnar li va agafar les mans i les hi va besar.

—Ja podem començar el descens.

—És per aquí —va dir la princesa, i li va assenyalar el camí mentre es tapava el nas i la boca amb una gira de la seva capa de llana per protegir-se del fum.

Amagat darrere d'una roca de lava, hi havia un corriol que s'endinsava en les profunditats del volcà. Els Prínceps dels Gels el van embocar, caminant en fila índia perquè era molt estret i costerut. El terra era sorrenc, per tant era molt fàcil relliscar: calia avançar amb molta prudència.

—Hem de baixar molt a poc a poc —va dir Nives, que anava al davant.

Ja havien fet un petit tram de camí, quan la Princesa dels Gels va percebre una superfície plana.

—Ja hem arribat.

—Em creia que era més profund. Però, amb tant de fum, no m'hi veig gens.

—No, i, a més, no hi ha rastre de Helgi.

—Helgi! —va cridar Gunnar, sense obtenir cap resposta.

—Helgi! —va cridar Nives, també.

Silenci absolut.

—Més endavant, hi ha una obertura —va dir la princesa, allargant la mà al príncep.

Lentament, hi van arribar. Era un forat en la paret de roca i s'hi van esmunyir. Un cop dins, van caminar fent tentines una estona, palpant les parets per no topar-hi. Al final, van entreveure una claror davant seu. I van avançar en aquella direcció.

—Aquí sota fa una calor terrible —va comentar Nives, traient-se la capa.

—Però no hi ha tant de fum.

A mesura que s'acostaven a l'origen d'aquella claror, l'ambient era cada vegada més xafogós. I quan, finalment, van arribar a la font de llum, van comprendre què causava aquella temperatura insuportable.

—Som a la cambra magmàtica! —va exclamar la princesa.

—És impressionant —va respondre Gunnar contemplant la imatge del magma vermell que tremolava davant dels seus ulls.

Aquell espai no era enorme, però sí molt suggeridor. Un llac d'una substància incandescent i densa bullia al seu davant, com un mar recorregut per corrents lents i continus.

—Allà hi ha un passatge —va indicar Nives.

—Saps on porta?

Ella va fer que no amb el cap.

—No havia baixat mai tan avall. Però em sembla que veig una obertura, al fons. Podem provar d'anar-hi.

—Vés amb compte. Si la roca és fràgil es pot esmicolar sota els nostres peus.

—N'hi haurà prou de caminar arran de paret.

—Preparada?

—Preparada!

I van reprendre la marxa.

Caminaven lentament, pas rere pas, debilitats per la calor asfixiant. Nives anava al davant i Gunnar al darrere, sense perdre-la de vista ni un instant.

Al final, amb els fronts perlats de suor, van arribar a l'obertura. I s'hi van esmunyir fent un sospir d'alleujament.

—Tant de bo que hi hagi un altre camí de sortida —va comentar Nives.

Gunnar no va respondre. Se li havia enganxat alguna cosa a la cara.

Era un altre esquinçall de tela verda.

24

La gran pluja

El Savi dels Coleòpters de color Cobalt havia aplegat davant seu una vintena d'exemplars d'aquell insecte màgic. Estaven col·locats en una fila ordenada, disposats a obeir les seves ordres.

A l'aigua que bullia a l'olla, hi havia tirat unes herbes que havia seleccionat amb cura, i una estranya flor blanca amb matisos daurats.

—Quina flor és aquesta? —va preguntar Iara.

Vannak la va fulminar amb la mirada. Quan el Savi del seu poblat portava a terme un ritu propiciatori, els Nai-Lais no l'interrompien mai. I tot i que ara es tractava d'un encanteri, el principi era el mateix.

Però el Savi no semblava gens enfadat i li va respondre amablement:

—És una flor raríssima, amb una característica fora del corrent: si l'afegim als ingredients adequats, és capaç de «commoure el cel».

—De debò? —va preguntar el rei, sorprès.

—Sí. Els coleòpters en transporten l'essència fins al cel i, un cop allà, el perfum d'aquesta flor dissol la substància dels núvols i desencadena la pluja.

—Increïble! —va exclamar Iara.

Vannak també estava atònit. Es pensava que coneixia molt bé el bosc, però era evident que hi havia secrets que anaven molt més enllà de la seva imaginació.

El Savi va continuar mesclant els ingredients de la poció.

Tothom s'ho mirava amb molt d'interès.

Quan l'home va acabar d'abocar-los i remenar-los, va cridar els coleòpters, i tots van emprendre el vol alhora. Les seves petites ales s'agitaven en l'aire sense fer el més mínim soroll.

Ben aviat van formar una taca de color cobalt que va quedar en suspensió davant del rostre serè del Savi.

Ell no va dir res. Es va limitar a mirar fixament els insectes, que poc després, obeint un gest de la seva mà, es van posar a volar en cercle al voltant de la foguera.

Lentament, de l'interior de l'olla va sorgir un perfum molt estrany, que no s'assemblava gens al de cap flor ni cap herba, però donava la sensació que els contenia tots.

Iara es va omplir els pulmons d'aquella fragància que molt probablement no tornaria a sentir mai més de la vida i, aquesta vegada, no va fer cap comentari.

El perfum va adquirir una tonalitat blava, molt clara, i després es va tornar invisible. Els coleòpters van emprendre el vol en direcció al cel seguits d'una estela blau cel que els va acompanyar fins que van desaparèixer completament de la vista dels presents.

El grup presenciava aquell espectacle amb els ulls esbatanats i la mirada fixa en les altures.

Poc després va caure alguna cosa del cel. Vannak va exclamar:

—És una gota! He notat una gota!

—Jo també. N'he notat dues! —va dir Iara, tocant-se la punta del nas.

—Plou! —va confirmar el rei, somrient.

Les gotes es van fer més denses i van augmentar de dimensió i intensitat, fins a convertir-se en una autèntica pluja.

Iara i els altres miraven com queia dins de l'olla produint innombrables cercles concèntrics. Era l'espectacle més bonic que podien desitjar en aquell moment.

—Us n'heu sortit —va dir el rei, satisfet.

—Gràcies a vós, que m'heu permès portar a la pràctica l'antídot de l'aigua i el foc.

—Aquesta vegada, la màgia era a fi de bé. Necessitàvem la pluja per apagar l'incendi.

—I també servirà en el futur —va afegir el Savi.

—Oi tant! La fusta dels arbres estarà mullada durant molt de temps i això la farà immune a la màgia de la bruixa —va concloure Vannak.

—Estic tan contenta! —va exclamar Iara—. Hem de tornar de seguida a Jangalaliana per explicar-ho tot a... —La Princesa dels Boscos va callar de cop, en veure la mirada contrariada del pare. Les seves paraules havien estat prou clares: ella i Vannak havien de custodiar aquell secret dins del cor.

—D'això, volia dir... per celebrar la pluja tots plegats!

—Val més així. I recorda-te'n: com menys persones es relacionin amb la màgia, millor.

—Tens raó, pare.

Lalima es va refregar contra les seves cames.

Havia arribat el moment de tornar a palau.

El rei es va acomiadar del Savi amb un gest de la mà i va mirar com tornava a entrar a la cabana seguit dels coleòpters, que ja havien completat la seva missió.

L'home es va asseure en una estora feta de fulles entreteixides, creuant les seves cames magres. Es va eixugar la cara amb un drap i va beure aigua. Després es va ajeure i es va posar a esperar l'arribada de la son bressolat pel dolç repic de les gotes de pluja damunt del sostre.

~ * ~

El rei, Iara i Vannak tornaven cap a casa per gaudir des del capdamunt del palau reial del meravellós espectacle de la pluja que salvava el bosc i nodria la natura ufanosa del regne.

—Lamento moltíssim haver hagut de recórrer a la màgia una altra vegada —va comentar, de sobte el sobirà. Pensava en la vegada que la va utilitzar per transformar Gunnar en un llop. Eren al Palau Adormit, en una situació crítica perquè el Príncep sense Nom estava a punt de recompondre la Cançó de la Son. Aquell dia també s'havia promès que no ho faria mai més. En canvi...

—Ho has fet pel bé del regne.

—És veritat —va afegir Vannak—. Sense aquesta pluja, el bosc hauria quedat totalment destruït. Hauríem perdut casa nostra i la vida.

—Gràcies per la teva comprensió, Vannak —li va dir el rei, posant-li una mà a l'espatlla.

Iara va observar l'escena amb un somriure. La feia molt feliç que Vannak gaudís de l'estimació del seu pare.

Tots tres van continuar fent camí cap a palau, sense preocupar-se de la roba, completament xopa: aquella pluja tan esperada i desitjada l'havien de celebrar amb tota l'alegria dels seus cors.

25

Tots junts!

Quan Sumati es va fixar que uns núvols grisos s'espessien al cel, es va posar a pregar perquè portessin aigua. Va sortir a l'exterior, amb els braços repenjats a la barana de fusta i va esperar.

Mentrestant, Diamant, Kalea i els altres s'havien reunit al saló del tron, per discutir què calia fer. Els acompanyaven algunes mones de la guàrdia del palau reial.

—Proposo que anem al bosc per ajudar els altres. Segur que Iara i el pare ens necessiten —va dir Diamant.

—Potser s'estimaran més trobar-nos aquí quan tornin. Al capdavall, ja sabem que han anat a trobar-se amb el Savi dels Coleòpters de color Cobalt —va replicar Kalea.

—Tu què en penses, Samah? —li va preguntar Diamant.

—Per mi que Kalea té raó. A més, què podem fer, ara? No coneixem bé el bosc ni sabem quines són les zones afectades per l'incendi.

—Si aquest és el problema, només cal que ens escortin les mones de la guàrdia reial —va replicar la Princesa de la Foscor, molt segura.

—I si nosaltres també ens fiquem en un embolic? —va objectar Robí.

Kaliq es va aixecar i va començar a caminar amunt i avall pel saló.

—A mi també m'agradaria fer alguna cosa. Però, francament, no sé pas què.

~ * ~

A la part de fora, a la balconada de fusta que circumdava el saló del tron, Sumati esperava. No feia gaire estona que havia començat a observar els núvols quan va sentir una primera gota, seguida d'una segona i una tercera. A continuació, les gotes es van fer més nombroses fins a convertir-se en pluja.

—Veniu! De pressa! —va cridar la dona per reclamar

l'atenció dels altres, que es van precipitar cap enfora i es van quedar bocabadats veient la pluja que queia.

—Plou! —va exclamar Diamant, exultant d'alegria.

Samah, Kalea, Kaliq i Robí s'havien unit a la seva alegria alçant els braços al cel i deixant que els amarés la pluja.

—Això significa que el bosc se salvarà! —va concloure Sumati, radiant.

—El pare ha aconseguit el seu objectiu.

—Sí. Visca! —va cridar Kalea.

I llavors es van posar a esperar el retorn de Iara i el rei.

~ * ~

—Si sou tots aquí! —va exclamar Iara al cap d'un cert temps, quan va veure que una part de la seva família s'havia reunit a Jangalaliana.

La princesa no es podia imaginar un moment més bonic. Dos homes del poblat dels Tamangs l'havien avisat que en la seva zona l'incendi estava pràcticament apagat, i al territori dels Nai-Lais, més al nord, només hi quedaven alguns focus, però el pitjor ja havia passat. I ara, a casa, tal com esperava, es trobava Diamant, Kalea i els seus esposos, tots sans i estalvis.

Va arrencar a córrer cap a ells i els va abraçar. Ella també estava xopa fins al moll de l'os, però feliç i contenta com mai.

—Germaneta! Us n'heu sortit! —va dir Diamant.

Iara no va respondre. Sabia que, sense voler, se'n podia anar de la llengua i no volia que se li escapés ni una paraula, tal com havia promès al seu pare.

—Hem pogut resoldre el problema gràcies a la collaboració de tothom —va dir el rei, per donar-li un cop de mà.

—Lalima! Tu també ets aquí! —va dir Kalea, acariciant la pantera—. Vannak! M'alegro de tornar-te a veure.

—Princeses, us saludo —va dir el noi fent una inclinació.

Iara n'estava molt orgullosa, perquè aquell bosquetà esquerp s'estava convertint en un perfecte... «príncep», va pensar, però no va tenir el coratge de confessar-s'ho a si mateixa. Tot al seu temps.

—Iara! En què penses? Sembles... encantada!

—En res, Diamant. Sóc increïblement feliç!

Tota la colla es va abocar al parapet de la passarel·la i van observar en silenci el fum que s'elevava de la taca verda del bosc. Era un espectacle bellíssim. En l'aire, se sentia el soroll de la pluja que queia i a sota els xisclets alegres dels animals que, a la seva manera, s'unien a la celebració per aquell final feliç. Se sentia una intensa olor de terra i de fusta cremada, semblant a la que produeixen les espelmes quan els bufes el ble i s'apaga deixant anar una petita fumera.

El rei va obrir els braços per acollir les seves filles en una gran abraçada.

—La vostra mare es posarà molt contenta. Li hem d'enviar un missatge immediatament.

—Haurem d'esperar que pari de ploure, perquè els tucans no poden volar sota aquest xàfec —va dir Iara, alçant una cella.

—Com desitgeu, Princesa dels Boscos —va dir el rei, en to mofeta.

Tothom va esclatar en rialles i una brisa de serenitat va tornar a bufar sobre el regne.

26

Els Camins de Foc

A Jangalaliana feien festa grossa. Tothom ballava i cantava sota la pluja, donaven les gràcies al cel i als núvols, i acariciaven els troncs dels arbres i les fulles, que finalment s'havien salvat de les flames.

Mentrestant, molt més al nord, en ruta per les profunditats de la terra, la princesa Nives i el príncep Gunnar havien embocat una galeria que no semblava tenir fi, en la qual sorgien uns pous tan llargs i foscos com la galeria que resseguien, però totalment verticals, i, per tant, no els podien recórrer.

Nives havia tingut una pensada molt sàvia, quan havia encès al magma del volcà dos trossos de fusta que havia trobat a l'entrada de la galeria. D'aquesta manera, havien pogut il·luminar una mica aquell espai, que, d'altra manera, hauria estat completament a les fosques.

—No hem trobat més esquinçalls de tela. No sé si considerar-ho un bon senyal o no —va comentar Nives, al cap d'una estona.

—Jo crec que totes les galeries es comuniquen, aquí sota. Helgi pot estar en qualsevol lloc i els corrents d'aire calent que recorren aquestes galeries poden haver arrossegat des de molt lluny els esquinçalls del jaquetó.

—Em faria tan feliç trobar-lo!

—És el que desitgem tots. I ens hem d'esforçar per salvar-lo.

—I si ja és en un lloc segur?

—Podria ser que sí. Potser ha pogut fugir.

Encara van caminar una estona molt llarga, fins que les torxes van començar a apagar-se i a Nives li van començar a fallar les cames.

—Vols dir que te'n sortiràs? —li va preguntar Gunnar, veient-la tan cansada.

—Sí, però deixa'm descansar una mica. Aquest aire tan calent em deixa sense respiració, i sembla que les galeries no tinguin fi!

En aquell moment, Gunnar es va penedir d'haver-se

embrancat en aquella aventura i, sobretot, d'haver posat en joc la seguretat de Nives. Ella era el més important i valuós que tenia, i, si li passava alguna cosa, no s'ho perdonaria mai.

El Príncep dels Gels va provar d'allunyar aquells pensaments tan desagradables, però la veritat era que no tenia la més remota idea d'on eren ni on anaven. Si hi havia una sortida, devia ser molt lluny d'allà.

—Què et passa? —li va preguntar Nives, com si li hagués llegit el pensament—. Sembles preocupat.

—No, no, cap problema —va mentir el jove, per no alarmar-la—. Però m'agradaria trobar una sortida al més aviat possible.

La Princesa dels Gels es va aixecar.

—Ja podem marxar!

—Vols dir?

—Sí. Si em canso massa, ja t'ho diré.

Gunnar sabia que no ho faria. Era una noia molt obstinada. Per molt cansada que estigués, no ho admetria mai de la vida: l'orgull i el sentit del deure l'hi impedirien. Per tant, li pertocava a ell vigilar-la i tenir-ne cura.

Anaven deixant enrere els pous, que eren uns forats molt grossos en el terra que continuaven al sostre. En la llunyania, se sentia un soroll sinistre.

—Que ho sents?

—Sí.

—I si és un Serpentdrac?

—És possible, però no ho podem saber del cert.

—Devien passar per aquí, per força... El seu cos esvelt els permet pujar en vertical aquests pous i...

La Princesa dels Gels no va tenir temps d'acabar la frase: van sentir un altre soroll, un estrèpit que se sentia més fort i més a prop. I més a prop encara. Fins que un Serpentdrac enorme va passar rabent per davant dels ulls esbatanats de Nives i Gunnar, que van fer un salt enrere, espantats.

—Que l'has vist? —va preguntar Nives—. És la prova que buscàvem. Els Serpentdracs passen per aquí.

—Sí. Sens dubte són els Camins de Foc de què parla el Llibre de les Bruixes...

—...uns pous que foraden el subsòl i comuniquen les zones més llunyanes del Gran Regne —va dir la Princesa dels Gels completant la frase del seu marit.

—En aquest cas, els Serpentdracs al servei de Fogària poden arribar a qualsevol lloc.

—N'hem d'informar de seguida el pare i les meves germanes. Però, per poder-ho fer... —va afegir Nives, pensativa—, hem de trobar la manera de sortir d'aquí. Al més aviat possible.

La veritat era que no sabien per on tirar per tornar a veure la llum del dia. No podien fer altra cosa que prosseguir al llarg de la galeria principal, confiant que trobarien el camí que els portaria a la sortida.

Van avançar una mica més. Al final, Gunnar, que anava al davant, va veure una cosa que semblava una sortida. Sense titubejar, amb les seves últimes forces,

va córrer cap allà, seguit de Nives, que ja no s'aguantava dreta.

Però quan hi van arribar, es van quedar sense paraules en veure que allò no era una sortida, sinó un petit espai que il·luminaven dèbilment unes teies penjades a la paret.

Al fons, hi havia una silueta fosca.

27
La Forja de les Flames

Fogària estava decidida a venjar-se. Però, per fer-ho, necessitava Serpentdracs nous i més soldats al servei de la seva Esquadra de Ferro. Per això es va acostar a una paret de la seva estança i va empènyer una de les pedres fosques que la formaven. De sobte, es va sentir un soroll fort, de pedra que llisca fregant una altra pedra. I es va obrir un pas a la paret. Així que la bruixa el va creuar, es va tancar darrere seu.

Fogària era al seu quarter general, la Forja de les Flames, un lloc on només podia entrar ella. I, a Castelloblic, les parets estaven fetes per ser infranquejables.

No existia cap màgia ni encanteri que hi permetés l'accés a cap altra bruixa.

Era la norma. Per a totes. Tret d'Ella, la Mai Anomenada, perquè els seus poders ultrapassaven de bon tros els de totes les altres Bruixes Grises juntes.

Però Fogària estava tranquil·la perquè sabia que, de moment, no hi aniria ningú. Tenia clar que l'atenció d'Ella, com a molt, se centraria en Aquària.

Va mirar al seu voltant abans de començar la seva tasca.

La Forja era una estança circular, amb el sostre en forma de cúpula. L'havia dissenyat la mateixa bruixa, perquè el foc és perfecció, com el cercle. Per tant, no hi volia angles ni arestes.

Al centre de l'estança, hi havia una enorme caldera de pedra suspesa damunt del terra. A sota, hi havia una pila de llenya, preparada per cremar. La caldera, no la subjectaven cordes ni cadenes. Només la màgia. Al terra, escampades aquí i allà, hi havia cendra i brases apagades. En un costat, a la dreta, hi havia uns petits terraris de vidre, apilats els uns damunt dels altres. La bruixa s'hi va acostar i va preguntar:

—Esteu disposades a convertir-vos en invencibles?

Alguna cosa es va moure dins d'un dels terraris. Es va arrossegar fins al vidre i va alçar el cos, clavant els seus ullets grocs i oblics en la bruixa.

Era una serp, petita i prima. I no estava sola. Perquè a cada terrari n'hi havia una, com a mínim.

—D'acord: tu seràs una de les elegides. Quan arribi el moment oportú, és clar.

Després, la bruixa es va tombar cap a un costat de la Forja que ocupava un munt de ferralla. Eren armadures velles, rovellades i desgastades pel temps, que havia amuntegat allà en espera de trobar-los una utilitat. Fogària les va mirar amb menyspreu.

—Seríeu completament inútils si no m'encarregués de retornar-vos la brillantor!

Llavors es va acostar a un cofre de ferro guarnit amb repujats. D'una butxaca del vestit es va treure una clau que semblava una llengua de foc. La va introduir al pany i el cofre es va obrir. Fogària en va treure una peça de plata.

—Mi-te-la! —va dir, estudiant-la. A la superfície, ennegrida pel foc, encara s'hi podien llegir fragments de paraules mig esborrades:—

...Boscúria verda...

Vil tirà...

—Que ximple, el rei! Mira que tirar uns objectes tan valuosos en un volcà! Aquesta làmina de plata encara té poders màgics. I jo sé prou bé què n'he de fer! —va dir la bruixa, fent una rialla complaguda.

Va tancar el cofre i va tornar a amagar la clau a l'interior del seu vestit. Havia de posar fil a l'agulla.

Va fer un gest amb la mà en direcció a la llenya que hi havia sota la caldera. Tot seguit, dels seus dits va sorgir una flamarada que va colpir els branquillons i va donar inici a la combustió.

Unes flames molt altes es van elevar fins a la base de l'atuell i van brillar, implacables i vermelles davant dels ulls cruels de la bruixa.

Amb un altre gest, va fer aixecar del racó on estaven amuntegades unes quantes armadures que es van dirigir a la caldera i s'hi van tirar dins.

En aquell moment, la bruixa hi va fer lliscar dins la làmina de plata, amb les armadures. Llavors va alçar tots dos braços i les flames van créixer fins a embolcallar completament la caldera.

Poc després en va sortir una cosa. Era una armadura, lluent i flamejant, que es va col·locar darrere de la bruixa.

I en van seguir més. Moltes més. Fins a compondre els reforços que necessitava Fogària. N'hi havia tantes que ocupaven completament tot l'espai disponible de la Forja.

Quan va considerar que ja havia arribat al nombre adequat, la bruixa va bufar el foc amb tanta força que es va apagar de cop i va deixar anar una columna de fum gris.

Llavors, Fogària va obrir el terrari on hi havia la primera serp. Va allargar la mà cap al rèptil, que es va cargolar al voltant del seu braç.

Després va obrir un segon terrari. La seva ocupant va lliscar pel cos de la bruixa fins a arribar-li al coll. I, un cop allà, se li va entortolligar com un collaret. En va obrir un tercer i la serp va fer el mateix que les seves companyes però aquesta es va col·locar a la cintura de la bruixa.

Llavors, amb tot el cos envoltat pels seus fidels rèptils, Fogària va tornar a retirar la pedra del passatge. Va sortir de la Forja de les Flames seguida de les armadures i va tornar a les seves estances.

—Molt bé —va dir—. Gairebé ja ho tinc tot a punt.

Va anar cap al passadís i va baixar un tram d'escales. I després un altre, i encara un altre. Havia de descendir fins a arribar a la trapa que donava als Camins de Foc. Era una trapa molt semblant a la que Ella havia obert per anar a veure el presoner.

Fogària en va aixecar la tapa, que donava accés a un precipici molt profund d'on sorgia un feix de llum potentíssima. Llavors va ordenar a les serps que hi entressin.

L'un rere l'altre, tots els rèptils van baixar lliscant pel seu cos i es van deixar caure al precipici. Així que ho feien, la bruixa obria la mà i llançava la màgia des del palmell. I les serps es transformaven en uns enormes Serpentdracs que escopien flames.

Després, tots plegats es van endinsar en el primer Camí de Foc.

28
Una solució genial!

El temps passava i, a Jangalaliana, no hi rebien notícies d'Arcàndida.

El rei començava a preocupar-se. La pluja queia amb menys força i tots van decidir fer cap al bosc, per comprovar en persona que l'incendi s'hagués apagat definitivament.

—No els hauria d'haver deixat sols. M'hauria d'haver quedat al Regne dels Gels amb Nives i Gunnar —va dir el rei mentre caminava pel sotabosc fangós.

—Pare, la teva ajuda ha estat fonamental aquí. El Bosc Vivent hauria quedat completament destruït sense la teva intervenció —va dir Iara, en un to decidit.

—Però és estrany que encara no ens hagin enviat cap missatge —va afegir Samah.

—No passeu ànsia. Estic segura que la meva germana està bé —va dir Diamant.

—I tu com ho saps?

—Té una explicació molt fàcil, Kalea. Als bessons ens uneix un vincle molt profund. Un vincle que comporta un contacte continu. De debò: creieu-me —va replicar Diamant, tocant el seu collaret amb la punta dels dits. El penjoll que l'ornava brillava amb una llum blavosa que feia pensar en el centelleig del gel d'Arcàndida.— El que no podem preveure —va continuar dient la princesa— són els pròxims moviments de la bruixa.

—Em penso que trigarà una mica a veure's amb cor de donar la cara, després de la derrota que li he infligit! —va dir Iara, altiva.

—Hauríeu d'estar orgullosos de la vostra germana. S'hi ha enfrontat amb un gran coratge —va afegir Vannak.

—Amb l'ajuda de Lalima, evidentment —va dir Iara, abraçant la seva inseparable amiga.

—Doncs jo estic convençuda que voldrà venjar-se —va afirmar Samah—. I hem d'estar preparats per a qualsevol eventualitat.

—Com vols que ens preparem si no sabem quan atacarà? —va objectar Kalea.

—Aquí, no, segur! —va dir Iara—. La fusta està massa mullada perquè el foc prengui.

—Jo no n'estaria tan segura. Podria ser que tornés justament aquí, per venjar-se de tu —va objectar Diamant.

—Hi ha d'haver alguna manera d'aturar Fogària... —va dir Samah.

Tots es van quedar en silenci, rumiant.

Diamant es va fixar que una mica més enllà dels seus peus sorgia un caparró del terra humit. Era un talp. El va observar mentre l'animaló ensumava l'aire i avançava en direcció a ella. Era molt graciós. Va pensar en els talps del Regne de la Foscor, que eren els guardians del palau de Terra-Rotunda. I també en les galeries que defensaven els talps, que eren capaços de descobrir l'intrús més petit gràcies al seu prodigiós olfacte. Va pensar que coneixien molt bé el laberint de galeries subterrànies que hi havia al voltant de Terra-Rotunda. I després va pensar en...

—Tinc una idea! —va exclamar—. Si funciona, resoldrà tots els nostres problemes.

—Endavant! Parla! —la va animar Iara, encuriosida.

—No sé si us en recordeu, però, quan Robí i jo vam marxar d'Arcàndida, vam descobrir uns pous molt estranys. Us ho havia explicat, oi? Eren increïblement profunds i els recorrien uns corrents molt càlids. Al començament, em van sorprendre però després vaig recordar allò que Kalea va llegir al Llibre de les Bruixes i ho vaig relacionar tot!

—Ja ho entenc! Deuen ser els Camins de Foc! —va exclamar Iara.

—Fins aquí tot queda clar, Diamant —va dir el rei—. Però on vols arribar?

—Que els podem obstruir, pare.

—Ah, sí? Com? —va ficar cullerada Samah.

—És molt fàcil: construirem unes grans barreres per bloquejar els passatges —va dir amb un somriure agut la Princesa de la Foscor.

Tots la van mirar, atònits.

—I això et sembla tan fàcil?! —va exclamar Iara.

—I amb què les penses construir, aquestes... barreres? —va preguntar Samah.

—I com les penses transportar? —va afegir Kalea.

—Pareu, sisplau! I deixeu que us ho expliqui.

La Princesa de la Foscor va fer una mirada a tots els presents, que l'observaven morts de curiositat. Va respirar fondo i després va dir:

—Les barreres que tinc pensades, les construirem amb el material més adequat i més abundant a la meva part del regne.

—És a dir...

—La sal, Iara!

La Princesa dels Boscos es va quedar bocabadada. No se li hauria acudit mai recórrer a la sal.

—La sal, en contacte amb l'escalfor que produeixen els dracs, s'endurirà cada vegada més —va concloure Diamant.

—És una idea genial! —va comentar Robí, molt orgullós de la intuïció de la seva dona.

—Tot i així, no crec que sigui tan senzill portar-ho a terme —va objectar el rei.

—Ja hi he pensat. I és evident que haurem de demanar la col·laboració dels habitants del Regne de la Foscor. Ells coneixen les mines de sal millor que ningú. Estic convençuda que seran d'una gran ajuda.

—Per tant, te n'has de tornar a Terra-Rotunda, oi?

—Sí, pare. Al més aviat possible.

En aquell precís instant, no gaire lluny d'on es trobaven, es va sentir una gran cridòria.

—Què deu ser?

—No ho sé, Kalea, però ho anirem a veure ara mateix. Si no m'equivoco, aquests crits provenen del poblat dels Sepches —va dir Iara mentre arrencava a córrer.

Els altres la van seguir, amb un pressentiment desagradable.

29
El segon atac de Fogària

A Jangalaliana, ja havia deixat de ploure, i la Bruixa de les Flames s'havia tornat a posar en acció. Aquesta vegada s'hi havia presentat amb els seus temibles aliats: l'Esquadra de Ferro, reforçada amb moltes armadures noves, i els Serpentdracs, que ja havien començat a escopir foc i vapor roent al bosc, provocant el pànic dels habitants dels poblats.

Ara, la bruixa atacava el poblat dels Sepches, que era molt a la vora del palau reial de Jangalaliana.

Els Serpentdracs escopien flames i més flames, però no s'hi calava foc.

—Per totes les flamarades! Es pot saber què passa?

—es demanava la bruixa—. Escopiu foc amb més força, nyicris!

Però no hi havia res a fer. Per molt que s'hi esforcessin, la fusta no cremava.

Llavors Fogària es va acostar a un tronc i el va tocar amb la seva mà arrugada.

—Està mullat! En aquestes condicions, el foc no prendrà de cap de les maneres! Com s'atreveixen a desafiar-me?! Se'n penediran amargament!

Llavors, la bruixa va volar pels aires i va observar la situació des de les altures: el bosc continuava fumejant, com una caldera enorme en plena ebullició. Però no hi havia ni rastre de foc.

Devia haver plogut, i molt. Es va fixar que la terra estava humida, fins i tot fangosa en alguns indrets. Com s'havien atrevit a prendre-li el pèl?

—Destruïu-ho tot! No m'importa com, però feu-ho! —els va ordenar en un to peremptori.

En sentir aquelles paraules, les armadures van començar a colpir els arbres amb les espases, les llances i les destrals: tot l'armament que duien. I els Serpentdracs van començar a donar uns violents cops de cua.

Els troncs van començar a trontollar a poc a poc i després van començar a caure l'un rere l'altre.

Quan van arribar als poblats dels Knots i dels Tamangs, va córrer la veu d'alarma. Van evacuar dones i criatures per seguretat, i els homes joves i grans es van quedar a combatre. Els fugitius es van dirigir al poblat dels Sepches perquè estava construït damunt de palafits i semblava el refugi més segur, ja que els protegia l'aigua.

—Us esclafaré com insectes! —els amenaçava la bruixa amb veu estrident.

Li van disparar un munt de fletxes que ella anava convertint en cendres. Hi van oposar tanta resistència com els va ser possible, però l'exèrcit de Fogària era cada vegada més potent. Després, a un home se li va acudir que podien omplir cubells amb aigua de mar i abocar-la als Serpentdracs i als soldats de l'Esquadra de Ferro.

Va funcionar. El vapor que bufaven aquells éssers monstruosos es va debilitar i algunes armadures, colpides en el punt adequat, van començar a mostrar dificultats de moviment. Però la màgia les mantenia vives i perilloses.

I ben poca cosa podien fer contra la màgia. Si Nives i Gunnar hi haguessin arribat a temps, els haurien pogut dir què havien de fer per derrotar els Serpentdracs i les armadures, però estaven bloquejats sota terra i no trobaven un camí de sortida.

Afortunadament, els habitants dels altres poblats van acudir a auxiliar-los.

—Han vingut uns dracs! I uns homes amb armadura! Volen arrasar el poblat! —els deia una dona, plorant. Havia fugit al bosc amb unes altres dones i els seus fills.

—Els Serpentdracs i les armadures són uns éssers màgics que ha enviat la bruixa Fogària, però no passeu ànsia, que ja som aquí! —li va dir Iara per tranquillitzar-la—. On penseu anar?

—Al poblat dels Sepches. Em penso que allà estarem segurs, però aquests dracs tan terribles no paren d'arribar.

—Pare, ja m'he decidit: me'n vaig immediatament cap a Terra-Rotunda per portar a la pràctica el meu pla de contraatac abans no sigui massa tard —va dir en aquell moment la Princesa de la Foscor.

—No sé què dir-te, Diamant. És molt arriscat.

—No tenim cap altra alternativa!

—L'acompanyaré i la protegiré amb la meva vida, si molt convé —va assegurar Robí.

Diamant es va acostar al rei i li va fer una gran abraçada. Després, es va aixecar de puntetes i li va fer un petó a la galta.

—Me'n sortiré, pare.

Ell li va acaronar els cabells claríssims i li va dir:

—Sigues prudent, filleta.

Diamant i Robí van abandonar el grup i poc després van desaparèixer en l'espessor del bosc.

—Tot anirà bé —va dir Samah.

—Diamant sap molt bé què s'empesca —va afegir Kalea.

—Si té la sort de sortir-se'n, serà una gran fortuna per a tothom.

Els altres van assentir. Ara, havien de rumiar la manera de derrotar la bruixa i el seu exèrcit, cada vegada més nombrós.

Mentre les armadures tallaven arbres al llarg i a l'ample del bosc, i els Serpentdracs s'escarrassaven per abatre'ls, Iara es va separar del grup seguida de Vannak. Volia dedicar una estona a estudiar de més a prop aquells éssers tan formidables.

—Mira! Allà n'hi ha un! —va exclamar Vannak, assenyalant un drac.

Malauradament, el Serpentdrac el va sentir. Es va girar cap a la princesa i el cap de la tribu dels Nai-Lais i va començar a perseguir-los.

—No sé pas per què havies de cridar tant, Vannak! —es va queixar la princesa mentre agafava una liana per fugir pels arbres.

—Perdona'm —va respondre Vannak, imitant-la.

A les capçades dels arbres estarien segurs. Si més no, s'ho pensaven. Primer, aquella serpota va provar d'enfilar-se a l'arbre, però el tronc relliscava i no va poder. Llavors, va començar a donar uns cops de cua molt forts al tronc, que trontollava perillosament. Iara i Vannak saltaven ràpidament d'un arbre a un altre, però a aquell Serpentdrac s'hi havia afegit un altre i després un altre. Semblava que es divertissin perseguint-los, com els caçadors amb les seves preses.

Al final, van arribar al mar i la princesa, en veure'l, va tenir la inspiració de baixar a terra i capbussar-s'hi. Vannak la va mirar, preocupat. Si els Serpentdracs haguessin estat uns bons nedadors, hauria estat la fi de Iara. Per això va fer l'únic que podia fer: seguir-la. La defensaria a qualsevol preu.

I aquells éssers mig drac mig serp van seguir les seves preses fins a l'aigua.

Però llavors va passar una cosa sorprenent. En posar-se en contacte amb l'aigua, l'element antagonista del foc, que era el que comandava Fogària, els monstres es van tornar a transformar en les serpetes que eren abans de la màgia.

Iara va veure com, l'una rere l'altra, nedaven cap a la riba, s'arrossegaven en la sorra i després es perdien en la verdor del Bosc Vivent.

—Vannak! Que ho has vist?! L'aigua els transforma! És increïble! Ho hem de dir als altres de seguida!

Iara amb prou feines va tenir temps d'acabar aquella frase: la bruixa va aparèixer davant seu. Estava suspesa

en un remolí de foc, i els seus ulls desprenien llamps de còlera.

—Com t'hi atreveixes, mocosa?! Et desintegraré!

Iara es va capbussar a l'aigua per fugir de les sagetes flamejants de la bruixa. Però, de tant en tant, havia de sortir a respirar i no era gaire fàcil esquivar el seu atac. Va nedar fins al poblat dels Sepches i es va amagar sota un palafit. Però la bruixa la va veure i va llançar una flamarada tremenda que va calar foc a una petita part de la fusta dels pals de les cabanes. Això era senyal que la fusta començava a assecar-se i que no els quedava gaire temps per poder derrotar Fogària i el seu exèrcit. Les persones que hi havia a l'interior van sortir xisclant i van apagar el foc, que encara era dèbil.

La princesa se'n va allunyar per no perjudicar més el poblat. Però on podia anar? El mar era un lloc obert, no hi havia cap amagatall. Aviat cauria en mans de la bruixa.

—Vella bruixa! Amb les noietes sí que t'hi veus amb cor, oi? Per què no t'enfrontes a mi? —va dir Vannak, per cridar-li l'atenció.

—I tu què vols, tafaner insolent?! —li va preguntar la bruixa desdenyosament.

En aquell moment, Vannak es va posar a nedar per cridar-li l'atenció, després va tornar cap a la riba, va arribar a la platja i, amb una gran agilitat, es va enfilar en un arbre. Però la bruixa l'estalonava. I el va atrapar.

—Ja t'espavilaré, jo —va dir, i li va llançar el sortilegi més potent de què era capaç: l'encanteri de la petrificació.

Al principi Vannak no va notar res però al cap d'uns moments ja no sentia les extremitats. Semblava que se li haguessin adormit les mans i els peus. I li va passar el mateix amb les cames i els braços. Però encara va tenir temps d'adonar-se de què li succeïa abans de perdre el coneixement.

Fogària l'havia transformat en un bloc de lava!

30
Seguint el rastre de Helgi

Nives mirava fixament la silueta fosca que hi havia en aquella petita clariana on havien arribat. Gunnar era al seu costat.

—Helgi! —va exclamar la Princesa dels Gels. I va avançar unes quantes passes en direcció al que semblava un cos caigut a terra.

—Quieta! —li va dir Gunnar, que li anava al darrere.

Però ella ja havia arribat al costat d'aquella forma. Va allargar una mà tremolosa cap a la tela que la cobria i va tornar a pronunciar el nom del jardiner.

No va obtenir cap resposta. Llavors, va tocar la silueta.

Pel tacte no semblava que a sota hi hagués el cos d'una persona.

Nives va apartar la tela i va descobrir que només amagava unes peces de roba vella.

Tots dos les van observar. Estaven molt malmeses. Nives va regirar entremig dels esquinçalls i va trobar una cosa.

—Fixa-t'hi! És el seu jaquetó! Almenys el que en queda...

—I aquí hi ha un branquilló negre.

Gunnar el va agafar i el va ensumar:

—Està impregnat de brea! Helgi el devia utilitzar per escriure!

—Per tant, no ens equivocàvem: ha estat aquí. Però quan?

—La brea no és fresca, jo diria que ja ha passat un cert temps.

—Tu creus que es va poder escapar de les bruixes?

—Tant de bo! Però els esquinçalls del jaquetó estan cremats; per tant... no sé què pensar.

—Espero que no li hagi passat res de greu. Hem de continuar buscant-lo, Gunnar. Tinc la sensació que és per aquí, no gaire lluny.

—El trobarem, t'ho prometo. Però anem passant. Hem de buscar la sortida.

Nives i Gunnar van reprendre el camí, feliços perquè havien trobat un rastre de Helgi.

~ * ~

Mentrestant, la bessona de Nives, Diamant, junt amb Robí, també havia trobat una cosa sospitosa al bosc.

Amagat per la vegetació, hi havia un forat a la terra, prou ample perquè hi pogués passar un Serpentdac.

Era l'accés perfecte per a la bruixa i el seu exèrcit, va pensar la princesa.

La veritat és que el va trobar per pura casualitat. Va sentir una olor que no era gens normal en aquell indret, però que a ella li resultava molt coneguda. Una olor de terra profunda que immediatament li va fer pensar en Terra-Rotunda i tot el que li era familiar. Per això es va acostar al grup de falgueres d'on procedia aquella olor, pas rere pas, i... de poc que no va caure al forat! Sort que Robí, que la seguia a poca distància, va tenir els reflexos d'aferrar-li un braç un instant abans que caigués al precipici.

Després de reflexionar-hi, Diamant va arribar a la conclusió que Robí i ella havien d'entrar allà dins perquè estava segura que arribarien a Terra-Rotunda a través d'aquella obertura.

Quan a la Princesa de la Foscor se li ficava una cosa al cap era molt difícil dissuadir-la'n. Per això Robí, que amb el temps l'havia arribat a conèixer molt bé, ni tan sols ho va intentar.

—Som-hi, doncs. Tant de bo tinguis raó.

—No és per presumir, però rarament m'equivoco.

I van entrar per aquell forat, l'un rere l'altre.

El primer tram era bastant pla, però després el terreny va començar a fer baixada fins a tal punt que a Diamant i Robí els costava mantenir l'equilibri.

La princesa va ser la primera de caure. Va posar malament un peu i va relliscar. A Robí, li va passar el mateix. I tots dos, com si llisquessin per un tobogan gegant, van baixar desenes de metres fins que van arribar, una mica masegats, a una superfície plana.

Així que es va refer, la princesa va mirar al seu voltant per provar d'orientar-se.

Robí i ella es trobaven en una mena de cruïlla. A dreta i esquerra tenien unes galeries il·luminades per unes torxes que estaven penjades a la paret de roca. I, una mica més endavant, hi havia una tercera via, però aquesta era un pou, un Camí de Foc dels que utilitzava la bruixa.

—Anem per aquí —va dir Diamant, assenyalant la via de la seva esquerra.

—N'estàs segura?

Ella va assentir. Van caminar molta estona, però, al final van arribar a una de les portes de Terra-Rotunda.

—Ho veus? —va exclamar Diamant, satisfeta—. Ja t'ho he dit. Tot està comunicat: les galeries del voltant de Terra-Rotunda i els Camins de Foc que utilitza la bruixa per desplaçar-se.

—Ets un geni! —la va felicitar Robí fent-li un petó. Després, quan anava a travessar el portal de pedra, es va adonar que Diamant no el seguia.— Que no véns?

—He d'anar a Castellgranit, a demanar ajuda al poble de la Foscor.

—Llavors, per què hem vingut al palau reial?

—Em pensava que estaves cansat i volies reposar.

Robí va somriure.

—Estàs de broma, oi? Ni et deixaré sola ni estic gens cansat —va mentir el jove.

—Entesos. Anem passant, doncs.

I van reemprendre el camí.

Però no es van adonar que els seguien.

31
Una tragèdia a Jangalaliana

I ara no es podia creure el que veien els seus ulls. Vannak, convertit en una estàtua de lava, s'havia quedat penjat en la branca on havia buscat refugi de la fúria de la bruixa. I tot perquè la volia protegir a ella. De sobte, la princesa va sentir que la ràbia creixia dins seu com una marea imparable.

—Què li has fet? —va cridar a la bruixa mentre nedava cap a la riba.

Però la bruixa, que havia apaivagat momentàniament la seva set de venjança, havia anat a reunir-se amb les seves tropes, que es disposaven a atacar els poblats de més al sud. L'únic que en quedava era l'eco de la seva rialla, que ressonava en l'aire, amenaçadora.

Mentrestant, el rei i les altres princeses, que lluitaven contra els Serpentdracs, havien sentit els crits de Iara i havien corregut al seu costat immediatament.

Tots es van quedar amb els ulls esbatanats en veure l'extrema crueltat del que contemplaven.

—Baixem-lo de l'arbre —va ordenar el rei.

Kaliq i dos homes més el van obeir. Vista de prop, l'estàtua de lava encara impressionava més: l'encanteri havia immobilitzat Vannak amb els ulls molt oberts i els braços estesos cap a la bruixa, per defensar-se.

—Ha estat culpa meva —va dir Iara, amb llàgrimes als ulls—. M'he ficat en un embolic i ell ha cridat l'atenció de la bruixa sobre ell per ajudar-me!

Samah i Kalea observaven Vannak en silenci. El que li havia succeït era horrible.

—Ho podria fer a qualsevol persona? —va preguntar Samah.

—No ho sé, bonica.

—Potser són necessàries unes condicions especials perquè funcioni l'encanteri —va dir Kalea.

—Ja, però com ens ho farem per conjurar-lo i tornar Vannak al seu estat habitual? Com?!

—Iara, fes venir el Savi dels Coleòpters. Potser trobarà un antídot. Pel que fa a nosaltres, hem de tornar als poblats que estan sota l'atac de la bruixa. No podem abandonar la nostra gent en un moment com aquest.

—Tens raó —va dir la Princesa dels Boscos—. Em reuniré amb vosaltres tan aviat com em sigui possible.

—Majestat! Veniu! No paren d'arribar Serpentdracs! Ja no sabem què més podem fer! —va anunciar un home.

—I la bruixa?

—Ha desaparegut.

—Com és això?

—S'ha esvaït enmig d'una flamarada.

—Hi hem de fer alguna cosa —va dir el rei.

Llavors, va parlar Iara:

—Sí, però abans escolteu-me. He descobert una cosa molt important. Una cosa que pot decidir el resultat de la batalla.

Tots la van mirar amb aire inquisitiu.

Llavors, la princesa els va explicar què li havia passat durant la topada amb Fogària.

—Abans que la bruixa llancés aquell encanteri tan horrible a Vannak, m'he capbussat a l'aigua per fugir dels Serpentdracs. O s'ofeguen o em maten, he pensat. Però no ha passat res del que temia. Al contrari, he tingut una gran sorpresa: quan aquells éssers s'han posat en contacte amb l'aigua, s'han transformat en... serps.

—Unes simples serps?

—Sí, pare. Unes serps normals i corrents, petites i una mica espantades, diria jo.

—Això significa que la bruixa ha transformat unes serpetes en uns monstres destructors? —va preguntar Kalea.

—No ho podem afirmar amb una certesa total, però, si més no, ja sabem com alliberar-les de l'encanteri —va dir el rei.

—Doncs ja podem posar fil a l'agulla! —va exclamar Iara per esperonar els altres. I en el fons del cor, també confiava trobar la manera d'alliberar el seu Vannak.

32
Cap a les mines de sal!

Pocs instants després d'haver-se posat en camí, Diamant i Robí es van adonar que els seguien. Es van girar i van veure les meravelloses papallones blanques de Terra-Rotunda.

—Amigues meves! Sou aquí? Com m'alegra tornar-vos a veure! —va exclamar Diamant.

Les papallones van començar a fer una mena de dansa bategant les ales d'una manera rítmica i graciosa.

—Voleu venir amb nosaltres?

Les papallones van voleiar al seu voltant.

—Fet, doncs. Però afanyem-nos, que ens queda poc temps.

Era veritat. Mentre ells eren al ventre de la terra, la

bruixa i els seus monstres feien de tot per destruir el Gran Regne.

I, ràpidament, es van encaminar cap a Castellgranit, la residència del Poble de la Foscor.

Quan van arribar a la seva destinació, van trobar la població aqueferada en les seves tasques, com sempre. Era una gent treballadora que conreava hortalisses i herbes aromàtiques, i refinava la sal, netejant-la d'impureses per poder-la utilitzar. També hi havia artesans i orfebres habilíssims, i buscadors infal·libles de pedres precioses. D'ells, la princesa havia après a crear joies meravelloses!

Així que van veure la princesa, tots van interrompre les seves activitats per inclinar-se davant d'ella.

—Disculpeu-me, no us volia destorbar —va dir la princesa.

—La vostra visita és tot un honor per a nosaltres, princesa. Príncep Robí... —va dir un home, que va fer una segona inclinació davant de Robí.

—Malauradament no és una visita de cortesia. Ens trobem en un estat d'emergència. I necessitem desesperadament la vostra ajuda.

—Ja hi podeu comptar. Digueu-nos com us podem ajudar i ho farem.

Diamant va somriure. Eren unes persones tan amables i generoses. La seva disponibilitat la commovia.

—Una bruixa que es diu Fogària ens està atacant. És la Bruixa de les Flames, que se serveix dels seus poders màgics i d'un exèrcit temible, compost d'uns éssers formidables, mig serps mig dracs, que no volen però acom-

panyen l'Esquadra de Ferro, un exèrcit d'armadures velles a les quals la bruixa ha donat vida amb la màgia i les ha convertit en gairebé invencibles —va explicar Diamant.

Robí va prosseguir l'explicació:

—Es desplacen per sota terra, per les galeries.

—Les nostres galeries? —va preguntar un home, amb l'alarma dibuixada en els seus ulls clars.

—La bruixa ha fet excavar uns pous, anomenats Camins de Foc, perquè el seu exèrcit els pugui utilitzar. Els Serpentdracs són els únics que s'hi poden esmunyir.

—I què podem fer nosaltres?

—Ens podeu ajudar a construir uns taps de sal per bloquejar els camins —va explicar la princesa—. Com que hi circulen unes ratxes de vent molt càlid, i la calor solidifica la sal, si col·loquem un tap de sal a cada entrada i a cada sortida, bloquejarem l'ofensiva dels Serpentdracs.

—Heu tingut una idea excel·lent, princesa. Ens hi posarem ara mateix, però abans hem de saber la ubicació dels Camins de Foc.

—Teniu un mapa de les galeries, oi?

—És clar. Ara us el porto —va dir l'home, que va desaparèixer a l'interior d'una caverna.

En va tornar al cap de poc amb un rotlle, i el va desplegar damunt d'una taula feta completament de sal.

—Són aquí.

La princesa va indicar als seus súbdits els punts on recordava haver vist Camins de Foc.

—Haurem d'estudiar més bé la zona, per assegurar-nos que no me n'he descuidat cap.

—Enviaré uns experts en aquest tema a prendre les mesures exactes dels pous —va dir l'home, i va demanar que els fessin venir.

Poc després, un sobtat corrent abrusador va alçar pels aires el mapa de les galeries.

—Ho veieu? —va preguntar Diamant—. És el vent de què us he parlat.

—Teniu raó —va respondre l'home—, és una calor insòlita a casa nostra. Què la deu provocar?

—Estic convençuda que són els Serpentdracs, que es desplacen pels Camins de Foc per anar a atacar el regne. Els hem d'aturar! —va exclamar Diamant.

—Farem el que podrem.

Mentrestant, ja havien arribat els tres experts.

—Heu de calcular el diàmetre dels pous —va dir el primer, indicant-los uns punts que estaven marcats al mapa—. És molt urgent.

Els homes es van acomiadar ràpidament de la princesa i es van allunyar corrent.

—Ara, aplegarem més voluntaris i anirem a les mines. Allà, provarem d'extreure'n Sal Primigènia.

—Quina mena de sal és aquesta? —va preguntar Robí, encuriosit.

—És la més antiga, la primera que es va formar a les mines. I és la que ens serà més útil per al nostre objectiu, perquè tendeix a endurir-se molt ràpidament.

—Perfecte! —va replicar Robí—. Us hi acompanyo.

Diamant i les papallones també es van afegir al grup que es dirigia a les mines de sal. Havien de complir una missió molt important.

33

Tots a l'una!

Les mines de sal sempre han estat un espectacle meravellós.

Cada vegada que Robí les mirava es quedava extasiat. I també la princesa Diamant, encara que ja hi estigués acostumada. Les meravelles autèntiques sempre ens sorprenen amb emocions noves.

—Per on comencem? —va preguntar Diamant als homes del Regne de la Foscor.

—Veniu amb mi —va respondre un home de cara allargada i cabells arrissats.

Els seus súbdits s'assemblaven tant entre si que de vegades li costava distingir-los. Tots tenien la pell clara i els ulls de color blau molt clar, gairebé blanc. A més, tots vestien de la mateixa manera i, en general, amb roba fosca. Les seves siluetes destacaven molt en el rerefons blanc immaculat de les mines.

L'home que havia parlat els guiava per una galeria llarga i estreta, menys il·luminada que les altres, i que tenia aspecte de pas secundari.

—No estava al corrent de l'existència de la Sal Primigènia —va dir la princesa, al cap d'una estona.

—En fem un ús molt limitat; només la fem servir per construir mobles i altres objectes, perquè és una sal molt forta, d'un color groguenc, i no és especialment agradable al paladar.

—Ja ho entenc.

—Però si us fa falta, princesa, us en portarem a palau. Tanta com vulgueu.

—Gràcies. Seria un detall bonic fer objectes de sal, potser per regalar als pares i a les meves germanes.

—Una idea excel·lent! —va exclamar Robí.

—Així doncs, quedem entesos: me'n portareu una mica quan tot això s'hagi acabat.

—Com desitgeu.

Mentrestant, la galeria havia començat a fer baixada. El grup caminava a pas lleuger i, al cap de poca estona, van arribar a un lloc que semblava un celler, amb un sostre de volta i una temperatura molt suau, ni massa freda ni massa càlida.

El més sorprenent era que la sal que recobria les parets d'aquell lloc era realment diferent de la de la resta de la mina i tenia unes venes grogues molt accentuades, exactament com les havia descrit l'home de la Foscor.

Diamant s'hi va acostar i va passar la mà per la superfície aspra i dura de la paret de sal. El tacte també era força diferent.

—Som-hi! Anem per feina! Primer de tot, recollirem la sal i després, quan ja tinguem les mides exactes, construirem els taps —va dir l'home a la princesa.

—El diàmetre és el doble de la meva altura, si fa no fa —va replicar Robí, que era un observador atent.

—Per tant haurem de fer uns taps molt grossos. Necessitarem una gran quantitat de sal.

—Tret que els fem més prims —va argumentar un altre home, més baix.

—Però ens arriscaríem que fossin més fràgils —va objectar un tercer home.

—Val més que comencem per fer-ne un. I després ja veurem com fem els altres. Què en penseu? —va dir el primer home.

Tots hi van estar d'acord.

Aquesta era la cosa més bonica del Poble de la Foscor: que sempre es posaven d'acord. Ningú havia presenciat cap baralla entre ells.

Seria fantàstic que tot el regne visqués en una harmonia com aquesta, va pensar Diamant. Però no era així. El Príncep sense Nom va ser el primer de minar la pau i la serenitat del seu poble, i ara les Bruixes Grises.

Mentre la princesa estava capficada en aquestes tristes reflexions, els homes del Regne de la Foscor s'havien posat a treballar. Poc després van arribar els experts que havien anat a mesurar els pous.

Un cop en van haver donat les dades exactes, van agafar pics i van començar a picar les parets de sal. Ja n'havien desenganxat molts fragments.

Les dones que formaven part del grup els recollien amb unes pales molt grosses i els amuntegaven lluny de la zona de treball. Diamant s'hi va afegir. No suportava la idea de mirar-s'ho sense fer res. I Robí va fer el mateix.

~ * ~

Ja feia unes quantes hores que treballaven a les mines de sal. Tothom col·laborava com podia. Finalment, quan van considerar que ja havien extret una quantitat suficient de sal, van suspendre les tasques.

Diamant estava molt cansada, però provava de no donar-hi importància perquè sabia de sobres que no podia abaixar la guàrdia fins que no hagués deixat fora de combat la bruixa.

—Reposeu, princesa. Gairebé ja hem acabat —li va dir una dona que devia tenir la mateixa edat que la seva mare.

—Gràcies, però no estic tan cansada. I a més, tal com heu dit vós mateixa, ja estem acabant —li va respondre Diamant amb un somriure.

I van continuar recollint tot el que havien arrencat a cops de pic de la paret, que estava tan rosegada que semblava que l'hagués queixalat una rata enorme.

—Per mi que ja en tenim prou —va dir un home.

Tothom es va aturar i llavors van contemplar el gran munt de sal que havien creat darrere seu.

—Encenem una foguera? —va preguntar un home.

—No serà perillós? —va preguntar Diamant, que mirava les bigues de fusta que subjectaven aquell lloc.

—Sí que ho serà. Per això ens hi quedarem molt pocs homes, aquí dins. Els justos per modelar els taps. Els altres ja poden sortir.

La princesa no hi va posar cap objecció.

—Entesos. Us esperarem al primer pou. Faré avisar els talps de la guàrdia reial perquè us ajudin a transportar els taps quan els hàgiu enllestit.

—Gràcies, princesa —va respondre l'home, i va començar a encendre la foguera.

Diamant, Robí, les dones i una desena d'homes de la Foscor van fer cap al primer pou.

Quan hi van arribar, Diamant va cridar les papallones d'ales vellutades que no l'havien abandonat ni un instant, i els va dir:

—Aneu a buscar els talps de la guàrdia reial. Digueu-los que es reuneixin amb mi aquí.

Les papallones van emprendre el vol i, amb una gràcia infinita, es van dirigir a la porta de la mina, que una dona els va obrir.

Ara, ja no podien fer altra cosa que esperar. Però, en aquell moment, una sensació estranya va sacsejar la princesa.

«Nives!», va pensar. Com és que la sentia tan propera?

34

Els taps de sal

Quatre homes del Regne de la Foscor van fer rodolar el primer tap de sal davant dels ulls admirats de la princesa Diamant i el príncep Robí.

Mentrestant, ja havien arribat els talps de la guàrdia reial, que els van aplaudir alegrement amb les seves potetes.

—Us felicito! —va exclamar la princesa en veure l'obra acabada.

El tap que havien confeccionat era un disc de sal molt gros i perfectament circular.

—Ara l'hem de portar cap al primer Camí de Foc que ens heu indicat —va dir un dels homes.

La princesa el va mirar, perplexa.

—Heu trigat molta estona a enllestir-lo...

—No passeu ànsia. En tenim més d'acabats. Tenint en compte que es tractava d'una emergència, hem treballat tan de pressa com hem pogut.

—Us ho agraeixo infinitament. Avui, més que mai, la vostra ajuda ha estat preciosa.

L'home no va respondre. Com tots els habitants del Regne de la Foscor, era de poques paraules, però tenia un cor molt gran.

Després, tothom va tornar a empènyer aquell tap tan enorme, que rodolava per terra produint un soroll sord que feia tremolar les parets de la galeria.

Diamant i Robí seguien el grup, mentre el segon tap sortia de les mines.

Finalment, després d'embocar una colla de galeries, van arribar a l'entrada del Camí de Foc. Era tal com l'havia descrit Diamant: un pou que recorrien unes ratxes de vent abrusador.

Els homes van repenjar el tap a la paret de la galeria per estudiar la millor manera de col·locar-lo. Però en aquell moment, van sentir una cosa. Era una tremolor, primer esmorteïda i després més intensa, que se'ls acostava ràpidament.

—Potser és un Serpentdrac que està a punt de passar per aquí. De pressa! Tanquem el camí! —va ordenar la princesa.

Els homes no s'ho van fer repetir dues vegades: es van precipitar cap al tap, el van posar pla i van desitjar amb totes les seves forces que les mesures fossin exactes. Ho havien de ser, o no funcionaria!

Van col·locar el tap sobre l'obertura. Diamant va tancar els ulls i va cloure els punys amb força per la tensió. I... el tap va cobrir perfectament l'entrada del camí.

—Visca! —va exclamar la princesa abraçant Robí.

—Tant de bo que aguanti la pressió —va dir ell.

Un home va agafar una torxa de la paret i la va acostar a la sal.

—Feu el mateix que jo —va dir als altres.

I ho van fer.

—Servirà per endurir-la, però procureu que el foc no estigui en contacte directe amb la sal, sobretot. La podria fer malbé —va explicar l'home.

Tots van fer el que van poder i tan de pressa com els va ser possible.

Però va arribar el moment en què se'n van haver d'allunyar. El Serpentdrac ja estava arribant.

L'esperaven amb el cor a la gola.

L'esperaven i, finalment, el monstre va arribar. Primer, no van sentir gairebé res. Però, a poc a poc, van començar a sentir un estrèpit cada vegada més fort, acompanyat d'un fregadís impressionant.

—Escup foc! —va dir Diamant.

—Molt bé. No sap que, d'aquesta manera, empitjorarà més les coses per a ell —va dir Robí, satisfet.

I no s'equivocava. Com més foc escopia el Serpentdrac, emanant una escalfor tan intensa que traspassava a l'altre costat del tap, més s'enduria la sal, que es va convertir en una barrera infranquejable.

Al final, es va sentir un soroll sord que va fer tremolar les parets i les persones.

Era el monstre, que provava d'esfondrar el tap. Però la barrera no cedia, de moment, si més no.

Estava bloquejat!

—Funciona! Ja podem anar a posar taps als altres punts —va dir un home.

Van tornar corrents a la mina i van organitzar el transport dels altres taps de sal.

Diamant i Robí també anaven cap allà, però, pel camí, Diamant va tenir la sensació que la seva germana era molt a la vora. I aquesta vegada va advertir una lleu angoixa que, com una mà invisible, li estrenyia la gola i li dificultava la respiració. Gairebé sense adonar-se'n, la Princesa de la Foscor es va posar una mà al coll i va tocar la pedra que embellia el seu collaret. Va tenir una gran sorpresa en notar que cremava! Llavors, un pensament fulminant va travessar la ment de Diamant: per això pensava en Nives! Perquè el collaret li enviava un missatge. Un missatge que tenia a veure amb la seva bessona, n'estava convençuda.

Es va aturar d'improvís.

—Robí, Nives és aquí. La sento.

—N'estàs segura?

Ella va assentir.

—L'hem de buscar. Sento que ho està passant malament.

Llavors va cridar als talps de la guàrdia reial i els va ordenar que anessin a inspeccionar tots els racons de totes les galeries i que la informessin de qualsevol cosa fora del corrent que notessin.

—Nosaltres també hem de fer la nostra aportació. L'anirem a buscar mentre els homes del Regne de la Foscor col·loquen els altres taps.

—És clar. Som-hi!

I van partir a la recerca de Nives.

35

Germaneta!

Ja feia molta estona que Gunnar i Nives caminaven, però no sabien del cert quanta. L'esperança de trobar Helgi els havia impulsat a avançar sense pausa, fins que havien perdut la noció del temps.

—Aquí tot sembla igual —va comentar Nives.

—No ho entenc. La primera vegada que vaig venir al Regne de la Foscor, no vaig trigar tant a arribar a Terra-Rotunda.

—Però no anaves sol. I tenir un guia en un lloc com aquest és fonamental, creu-me.

—És veritat, però el camí no era tan llarg.

—Pensa que venies d'un passatge màgic. T'havies

llançat al Fossat Enfervorit, que no te'n recordes? Potser passant per allà és més curt.

—Potser sí. En qualsevol cas, estic segur que aviat trobarem una via de sortida.

—O Helgi.

—O tots dos.

Nives va somriure. Però després es va quedar com bloquejada.

—Què et passa? —li va preguntar Gunnar.

—Tinc una sensació estranya. No sabria com explicar-t'ho però tinc la impressió que la meva germana és aquí.

—Quina germana?

—Diamant.

—Devem ser a prop de Terra-Rotunda —va deduir Gunnar.

—Bé, així ho espero.

Van continuar el camí fent algunes pauses breus per descansar. Després, van començar a sentir uns sorolls acompanyats d'unes sotragades semblants a les que provoca un sisme.

—Què passa?

—Sembla un terratrèmol, Nives.

—Ai, no! I si s'esfondra el sostre?

—No, dona, ja veuràs com...

Però Nives no va tenir temps de sentir la resta de la frase, perquè va caure a terra, desmaiada. Els sentits se li van emboirar i les cames ja no aguantaven el pes del seu cos extenuat.

—Nives! —va cridar Gunnar.

Però ella no va respondre.

Llavors, ell la va cobrir amb el seu jaquetó i li va acariciar el rostre i els cabells.

—Ja veuràs com tot anirà bé. Tot anirà bé —va repetir, malgrat que ell també començava a dubtar-ne.

Es va passar mitja hora pensant i recriminant-se per les seves decisions; s'estava assegut al costat de la seva dona, confiant que recuperaria els sentits ben aviat.

Al cap d'una estona va sentir alguna cosa. Semblaven veus, però no sabia d'on venien.

Sovint, en aquell laberint de galeries, se sentien coses, fins i tot els sorolls menys audibles, però era impossible localitzar-los perquè l'eco era molt fort i confonia els sentits.

—Alto, qui hi ha?! —va preguntar Gunnar, aixecant-se d'un salt.

Va tensar les orelles i la seva fina oïda de llop va sentir aquestes paraules:

—Cap aquí. Feu-lo rodolar així.

I la terra va tornar a tremolar.

El Príncep dels Gels no podia ni volia moure's perquè no volia deixar sola Nives. Però, d'aquesta manera, com podria anar a buscar ajuda?

La veritat és que l'ajuda ja els arribava tota sola. Gunnar ho va comprendre quan va veure el rostre preocupat de Diamant al final de la galeria que il·luminava la tènue claror de les torxes.

—Gunnar! —va cridar ella, i va arrencar a córrer cap a ell.

Robí li anava al darrere.

Gunnar va sentir que se li eixamplava el cor.

Estaven salvats.

En veure la seva germana a terra, Diamant es va posar a plorar.

—Què li ha passat?

—S'ha desmaiat per culpa de l'esgotament. Ja feia hores que caminàvem sense menjar ni aigua quan ella...

—Per què heu baixat aquí? D'on veniu? —va preguntar Diamant, agitada.

—Deixa que es refaci una mica. Que no veus que està extenuat? —li va dir Robí.

—Penseu en ella i no en mi. En un llit descansarà més

bé i es recuperarà —va replicar Gunnar assenyalant Nives.

—Però és que ha perdut els sentits! —va objectar Diamant.

—Només necessita beure i reposar. L'he vetllat durant tot aquest temps i sé que no és res de més greu.

Llavors Robí la va agafar en braços.

—Et veus amb cor de caminar? —va preguntar Diamant a Gunnar.

—Sí. Però abans doneu-me una mica d'aigua: vull provar de reanimar Nives.

Diamant es va treure del cinturó una petita cantimplora de pell que hi duia penjada i l'hi va allargar. Gunnar va posar la cantimplora damunt de la boca de la seva esposa i, amb molta delicadesa, n'hi va fer beure un glop. Al cap de pocs instants, la princesa va balbucejar unes paraules i poc després ja va recuperar completament els sentits.

Llavors, Gunnar també va beure amb avidesa.

Ara, l'ambient ja era una mica més relaxat.

—Expliqueu-me què hi fèieu, aquí —va demanar Diamant.

Gunnar els va parlar de tot el que havia succeït a Arcàndida, dels Serpentdracs i les armadures de l'Esquadra de Ferro, i de com els havien derrotat, cosa que va impedir que fonguessin els gels del regne.

Quan va acabar el seu relat, va preguntar:

—És a dir, que l'aigua funciona, oi? I com està la situació a Jangalaliana?

La princesa Diamant no va poder contenir una llàgrima en pensar en el mal tràngol que vivia el Regne dels Boscos.

—Les coses van malament. El bosc s'ha salvat gràcies a una pluja providencial, però els Serpentdracs ho estan destrossant tot a cops de cua i les armadures tallen branques i serren arbres amb les seves esmolades espases.

Gunnar estava preocupat.

—Hi ha d'haver alguna manera de parar els peus a la bruixa —va dir, pensatiu.

—Em penso que sí. Nosaltres ja ens hem empescat un pla —va respondre Diamant, i li va explicar l'estratègia que estaven portant a la pràctica en aquells moments.

36

Un noble sacrifici

Van portar Vannak al palau reial de Jangalaliana en espera de trobar una solució. Iara es va quedar al seu costat una estona. Va plorar, va esperar, li va acariciar els braços i ara li mirava el rostre, recordant tots els moments que havien passat plegats, i tota la despreocupació i l'alegria, que semblava que s'haguessin esvaït per sempre.

Després va prendre una decisió. Tornaria a combatre els Serpentdracs i les armadures. Era el que Vannak hauria volgut que fes, i el que ella pensava fer.

Es va dirigir a l'escala i va baixar a terra, amb Lalima al seu costat. I es va endinsar en el bosc, que encara fumejava.

—Iara! —la va cridar la seva germana Kalea.

—Sóc aquí!

—És increïble! Hem pogut aturar els Serpentdracs! Ja no n'arriben més!

—De debò? Ha funcionat el pla de Diamant?!

—Es veu que sí. I també han neutralitzat els que rondaven pel Bosc Vivent! N'han fet recular tres cap al mar, n'han empès un altre a la Llacuna Maragda i tots quatre s'han tornat a transformar en serps quan s'han posat en contacte amb l'aigua. Pel que fa a les armadures, no t'ho creuràs... eren buides! Ho hem descobert quan un dels nostres homes ha topat violentament amb una d'elles. Amb la topada, el nostre home ha perdut el coneixement però l'armadura s'ha desmuntat en mil peces i resulta que a l'interior no hi havia absolutament res!

—Estàs de broma?!

—No faria broma amb un tema tan seriós.

—Sembla un somni...

—No: és el retorn de la pau després d'un malson —va dir Kalea amb aquella dolcesa que la caracteritzava.

Les dues germanes es van abraçar, felices, encara que una ombra enfosquia l'alegria de Iara. I aquella ombra era la desgràcia de Vannak.

—Ja veuràs com tot se solucionarà —li va dir Kalea,

que comprenia el seu estat d'ànim i va provar de tranquil·litzar-la—. Però ara ens hem d'afanyar a reunir-nos amb els altres.

—Val més que sí, perquè dubto que Fogària s'hagi donat per vençuda.

I Iara no s'equivocava.

~ * ~

Fogària estava fora de si. De les mans se li escapaven contínuament unes flamarades que anaven a petar contra tots els racons de la seva estança.

—No és possible! Aquelles mocoses insignificants! Com poden haver fet una ofensa a una bruixa tan poderosa com jo?! És inadmissible!

D'altra banda, la situació era clara: gairebé tots els Camins de Foc estaven obstruïts, no sabia exactament què ho feia però era evident que es tractava d'una cosa capaç d'aturar els seus Serpentdracs. Per no parlar del que havia succeït al bosc, on havien anul·lat el seu encanteri i no solament havien tornat les serps al seu aspecte originari sinó que també havien deixat fora de combat les armadures. Quina catàstrofe! S'hauria d'espavilar tota sola, aquesta era la realitat.

I ho va fer.

Va comprovar la situació de Castelloblic i, al final, es va convèncer que el millor que podia fer, tenint en compte les condicions dels Camins de Foc, era provocar un remolí de flames que la impulsessin amb la seva escalfor.

Es va dirigir a la balconada del Saló dels Encanteris i es va preparar.

Va donar una última ullada al castell, envaïda per una sensació estranya, i va invocar el foc. Davant d'ella es va formar una flamarada que, com un remolí gegant, la va aixecar de terra i la va portar a les altures, fins a fer-la desaparèixer de la vista.

Quan va arribar al Bosc Vivent, la bruixa es va trobar amb una situació molt pitjor del que s'havia imaginat.

—Per totes les flamarades! És inadmissible! —va dir en veu alta. Tan alta que algú la va sentir.

—La bruixa! —va cridar un home que va córrer a donar l'alarma.

Fogària va observar atentament la zona per decidir per on havia d'atacar. Aquesta vegada havia d'assestar el cop decisiu, no es podia permetre més equivocacions.

De sobte, va albirar una cosa que sorgia entre els braços d'un arbre immens. Era el palau reial. Ja havia trobat el seu objectiu!

Mentrestant, Iara seguia els moviments de la bruixa, que s'acostava perillosament al palau de Jangalaliana.

La princesa estava espantada i temia per casa seva i per les persones que hi vivien. Va arrencar a córrer escales amunt, seguida de Lalima. Però quan va arribar a dalt de tot es va trobar cara a cara amb la bruixa, que tenia una expressió cruel dibuixada al rostre.

—Mira qui tenim aquí! Vés-te'n! Ja m'has creat massa poblemes, nena!

—Ets tu qui se n'ha d'anar! Això no és casa teva i tu... no tens cap dret a ser aquí!

—És clar que me n'aniré, però no abans d'haver destruït aquest meravellós palau.

—Ni t'ho pensis!

La bruixa mirava al seu voltant. La fusta encara estava bastant molla i no estava segura de si el foc prendria fàcilment.

No es podia arriscar a tornar a fer el ridícul. Llavors... què podia fer? Quin encanteri podia provar? Al final, es va fixar en una silueta que hi havia darrere de la princesa, a l'entrada del palau reial. Era el noi que havia transformat en un sòlid bloc de lava. Semblava que la princesa li tingués un gran afecte.

Ara ja sabia com se'n venjaria!

—Veig que el teu amiguet les està passant magres. Sí que em sap greu!

Iara es va girar cap a un Vannak immòbil.

—Fes que torni a ser com abans!

—I si no, què?

—Per què tens aquest cor tan despietat? —va sentir que li preguntava una altra veu.

Era la de Sumati, que havia acudit a auxiliar Iara.

—Perquè sóc una Bruixa Grisa, poderosa i decidida. I no tolero que em prenguin el pèl.

—Nosaltres no et volem prendre el pèl, només desitgem viure en pau al nostre regne.

—En això t'equivoques: no és el vostre regne, és el nostre! El regne que el Vell Rei ens va prometre a les Bruixes Grises! —va retrunyir la bruixa, llançant una mirada a Vannak.

Iara va comprendre immediatament què pensava fer Fogària i d'un salt es va plantar davant de Vannak, per fer-li d'escut amb el seu cos.

—Què pretens, mico filós?

—Impedir-te que li facis mal.

La bruixa estava perplexa. I, per un instant, va retirar la mà que havia allargat cap endavant per llançar el seu encanteri.

—Vols dir que arriscaries la vida per una altra persona?

—És clar! Si t'estimes algú, faries qualsevol cosa per protegir-lo. I no permetré que facis mal a Vannak!

—D'això, se'n diu amor —va afegir Sumati, que observava l'escena amb aprensió.

—Amor, amor... M'agafa mal de panxa, només de sentir esmentar aquesta paraula!

—Potser perquè no t'ha estimat mai ningú —va dir Sumati.

—No n'has de fer res! —va dir la bruixa amb els ulls esbatanats. Semblava trasbalsada.— Dins meu, hi tinc el foc. I escalfa molt més que qualsevol sentiment. Ho voleu comprovar? —va preguntar Fogària, llançant una flamarada cap a Sumati.

La dona es va apartar a temps, però el foc li va tocar d'esquitllentes una vora del vestit, que va començar a cremar.

—Sumati! Vigila! —va cridar Iara.

La dona va agafar unes quantes fulles grosses que havien deixat allà per reparar la teulada i va picar el seu vestit amb elles.

—Què? Crema? —va dir la bruixa esclatant en una rialla que glaçava la sang.

—Deixa'ns en pau!

—Calla! I tu, mico filós, surt del mig. Encara no he acabat amb el teu amic —va dir la bruixa llançant flamarades als peus de Iara, que es va veure obligada a apartar-se perquè no la cremés.

En aquell moment, la bruixa va allargar la mà en direcció a Vannak i li va llançar l'encanteri. Però Iara se li va posar al davant i el va rebre de ple.

Al cap d'un instant ja era a terra, sense vida.

—Què has fet?! —va preguntar Sumati a la bruixa, plorant desesperada—. Iara! La meva Iara! No!

La bruixa no se sentia tan satisfeta com es pensava que se sentiria. Al contrari. Sentia un pes molt feixuc, com una roca, que creixia dins seu, nodrit per la desesperació d'aquella dona i de l'amor de Iara per Vannak.

Per què se sentia així?

No desitjava res més que desaparèixer. I algú, o alguna cosa, la va acontentar.

37
Està bé el que acaba bé

Quan el rei, Kalea, Samah i Kaliq van tornar a palau i van veure que Sumati plorava al costat del cos immòbil de Iara, van sentir que alguna cosa es trencava dins del seu cor.

Però així que van avançar dues passes en direcció a elles, la princesa més jove va obrir els ulls.

—Iara! —va exclamar Sumati, que tenia els ulls inflats de tant plorar.

—Per què plores? —va preguntar la princesa, que immediatament va pensar en Vannak—. Ai, no!

No recordava gran cosa del que havia succeït. Només que havia fet un intent desesperat per salvar-lo, però no estava segura d'haver-se'n sortit.

Es va tombar cap al noi per comprovar que estigués bé i va estar a punt de desmaiar-se d'alegria quan va veure que tornava a la normalitat. Les seves cames i els braços estaven recuperant ràpidament l'aspecte humà.

—Iara! —va exclamar el noi, i va córrer a abraçar-la així que va poder.

—Per què m'abraces?

—Ho he vist tot —va dir. El seu rostre era a tocar del de Iara.— La bruixa em va empresonar el cos en un bloc de lava, però ho podia veure i sentir tot. Ha estat horrorós presenciar els vostres patiments i no poder fer res per ajudar-vos. I tu... Tu has donat la vida per mi, per protegir-me de l'encanteri de la bruixa. I jo, ara, et dono la meva. Per sempre.

Els ulls de Kalea i fins i tot els de Samah es van humitejar davant d'aquella declaració d'amor incondicional.

El rei també es va haver d'esforçar per contenir l'emoció.

Iara, una mica avergonyida, va tancar els ulls. Mai no havia sentit res de semblant. I se sentia increïblement feliç.

Després que els dos joves enamorats acabessin de parlar dels seus sentiments, Iara va saber què li havia succeït.

—Que la bruixa m'havia mort? Em penso que t'equivoques, Sumati. Jo em trobo bé.

—No, no m'equivoco. No respiraves i he temut el pitjor.

—Però la nostra estimada Iara encara és amb nosaltres... —va afegir Kalea.

—No sé què pot haver passat. La bruixa s'ha esvaït i poc després s'han dissolt els seus encanteris.

—Tens raó, Sumati; tot plegat ha estat força estrany —va comentar el rei.

—La veritat és que Fogària estava molt rara, gairebé semblava afectada —va explicar Sumati, que havia presenciat l'escena i havia pogut observar de prop la bruixa.

—Com si n'estigués penedida?

—Podria ser, Samah. I potser ha estat el penediment de la bruixa el que ha anul·lat l'efecte del seu encanteri. Un sobtat rampell d'humanitat pot anul·lar els efectes de la màgia.

—Recordeu que Aquària també va desaparèixer de cop i volta —va dir Kalea.

—Vosaltres creieu que li ha passat el mateix?

—Sí, Iara. Estic convençuda que les bruixes estan unides per un lligam que nosaltres desconeixem. I potser també hi ha una relació entre la desaparició d'Aquària i Fogària —va afirmar Samah.

—És possible perquè Aquària no ha tornat a donar senyals de vida —va observar Kalea.

—Potser és aquest, el seu secret. El secret de què parla el Llibre de les Bruixes! —va afirmar Kalea.

—El secret... podrien ser els sentiments —va concloure el rei—. No en sabem res, de la seva història. Potser hi ha alguna cosa dins del seu ànim, molt remota però, alhora, immutable, que les fa vulnerables. Més tard o més d'hora esbrinarem de què es tracta.

~ * ~

Entre les parets de Castelloblic se'n va parlar molt, de finals desgraciats, quan Etèria, Sulfúria, Xisclòria i Cendrària es van trobar davant del cos de Fogària.

La bruixa jeia al seu llit de magma i lava, immòbil i amb els ulls tancats. La semblança amb les condicions amb què havien trobat Aquària eren massa grans per poder-les ignorar, però massa poques per treure'n una conclusió i arribar a una explicació lògica.

Etèria va allargar una mà per tocar la de Fogària.

—És freda! —va exclamar, horroritzada.

—No deu ser morta, oi? —va suggerir Sulfúria.

Cendrària es va acostar al rostre de la Bruixa de les Flames.

—No, respira, exactament igual que Aquària.

—Què deu estar passant?

—Per què no ens ho dius tu, Etèria, que sempre ho saps tot de tot?

—No siguis tan antipàtica, Cendrària! És evident que passa alguna cosa i val més que ens afanyem a esbrinar de què es tracta abans que...

—Abans que què?

—Que totes tinguem aquesta fi tan miserable! —va respondre Etèria, enfurismada.

—És evident que tot és culpa d'aquelles mocoses —va concloure Sulfúria—. Són molt més perilloses que no ens havíem imaginat.

—Tu creus que unes bruixes com nosaltres han de tenir por d'unes nenes maques com elles?

—És clar que no! —va dir Etèria—. Però val més que

posem fil a l'agulla per trobar una solució al més aviat possible.

—Només n'hi ha una, de solució: esborrar les princeses del mapa i apoderar-nos del Gran Regne definitivament. És evident que les qui ens han precedit no estaven a l'altura de la tasca que havien emprès —va replicar Cendrària amb aires de suficiència.

—Potser tens raó. Però hem de tenir ben clara una cosa: no ens podem permetre cap més error, perquè si no, Ella se n'adonarà i llavors sí que serà la nostra fi de debò.

Totes es van quedar en silenci. Només de pensar en la Mai Anomenada, ja es posaven nervioses.

Cadascuna va tornar a la seva estança, per planejar venjances atroces.

38

El somni de Nives

Un cop superada la por, el bon humor va retornar a Jangalaliana.

El bosc ja no fumejava i l'incendi que havia provocat Fogària només era un mal record que aviat esborrarien les coses agradables que cada dia succeïen entre les atapeïdes capçades dels arbres. La natura recuperaria el seu equilibri i també els habitants del regne.

A Arcàndida, en canvi, perquè la vida reprengués el seu ritme normal, tothom esperava que la princesa tornés a casa.

Quan Nives es va despertar a l'estança de Diamant, a Terra-Rotunda, l'envoltava tota la seva família. Hi eren tots: Diamant, Kalea, Samah, Iara, Kaliq, Robí, Vannak,

Gunnar i el seu pare, el rei. Només hi faltava la reina, que s'havia quedat al Regne dels Gels en lloc seu.

—Em sembla que he dormit una bona estona... —va dir Nives, estirant-se.

—Dos dies, per ser exactes.

—Que em prens el pèl, Diamant?!

—De cap manera. Fins i tot he tingut temps d'enllestir això... —li va dir, traient-se de la butxaca un braçalet preciós.

—És per a mi?

—És clar. Té el mateix color que els teus ulls.

—I que els teus, germaneta. Gràcies! —va dir la Princesa dels Gels fent una abraçada a la seva bessona. Després es va posar el braçalet al canell i el va contemplar, admirada.

—L'he fet amb una pedra especial anomenada Ull del Subsòl —va dir la Princesa de la Foscor—. Amb aquest braçalet al canell, només caldrà que pensis en mi per saber que estic sempre amb tu, encara que no em vegis.

Nives va tornar a mirar el braçalet, somrient.

Llavors va parlar el rei:

—Com et trobes, ara?

—Ai, pare. No recordo res del que va passar. Només

sé que Gunnar i jo ens havíem perdut en una galeria... —va dir la princesa, buscant el seu marit amb la mirada.

—Poc després va arribar Diamant amb un grup de rescat i et va portar aquí, al seu palau —va dir el Príncep dels Gels.

—Gràcies, germaneta.

—Tenia la sensació que em necessitaves. Primer no en vaig fer gaire cas, però després es va fer molt més forta. Recorda que som bessones i que per això tenim un vincle molt especial.

—I és gràcies a aquest vincle que ara estic sana i estàlvia. Però, digueu-me... què se n'ha fet, de la bruixa? —va preguntar, ansiosa.

—La vam derrotar —va afirmar Iara.

—No va ser gens fàcil —va precisar Samah—. Ens va crear molts problemes, però, tot d'una, va passar una cosa i... es va esvair. I els seus encanteris amb ella.

—Ja... Ens va passar el mateix amb Aquària.

—A Sumati li va fer l'efecte que Fogària se'n penedia, després de veure el meu comportament amb Vannak: ella l'havia transformat en una estàtua de lava, i estava disposada a assestar-li el cop definitiu, però jo em vaig posar entre tots dos i em va colpir el seu encanteri. Potser el meu gest va desencadenar alguna cosa en el seu cor, com si ella també fos capaç de tenir sentiments... humans.

—Ens vam pensar que t'havíem perdut —va afegir Kalea.

—Tinc la pell molt dura, jo! —va bromejar Iara.

—I Vannak? —va preguntar Nives.

—Ell també està bé. Després de la desaparició de la bruixa tot ha tornat a ser com abans —va dir la Princesa dels Boscos, somrient.

Tota la família es va contagiar de l'entusiasme de Iara, després de tantes preocupacions.

Després, Nives va tornar a parlar.

—Us he d'explicar una altra cosa. Gunnar i jo vam trobar més esquinçalls de tela verda i un jaç subterrani. Era en un indret poc il·luminat, no gaire lluny d'aquí, em sembla. De primer, em vaig pensar que hi havia algú dormint, però, quan ens hi vam acostar, em vaig adonar que m'equivocava.

—Que et vas pensar que era Helgi?

—Sí. En aquell jaç improvist, hi havia el seu jaquetó.

—Potser és un bon senyal —va afirmar el rei.

—Potser Helgi s'ha escapat de les bruixes i ara ronda pels regnes —va suggerir Iara.

—Això no té gaire sentit: si de debò hagués pogut fugir, hauria vingut a reunir-se amb nosaltres.

—Tens raó, Samah. Haurem de continuar buscant-lo. Només ell ens pot donar la resposta a les nostres preguntes.

—És que jo he somiat amb ell —va revelar Nives—. He somiat que me'l trobava en una galeria, però ell em deia que em mantingués a distància, que no m'hi acostés. No me n'ha explicat el motiu, però recordo que he pensat que era víctima d'un encanteri. I ja no recordo res més.

—És a dir, que quan has somiat amb ell no estava tancat en una cel·la?

—No, Diamant. Era lliure.

—És estrany —va comentar el rei—. Molt estrany. En fi, sigui com sigui, el més important és que tots estem sans i estalvis. Plegats, ens enfrontarem a qualsevol cosa.

—M'agradaria tornar a Arcàndida. La mare deu estar molt preocupada —va dir Nives.

—Ja l'hem avisat que tot està bé, però val més que cadascuna de nosaltres torni a la seva cort. No sabem si les bruixes tornaran a atacar ni quan —va concloure Samah.

—Sisplau, Samah, digues a Purotu que torni ben aviat al Regne dels Coralls.

—Ho faré.

Justament la Princesa del Desert estava pensant en els joves que s'havien quedat a Rocadocre. No sabia si els havia arribat la veu dels perills que havia corregut el Gran Regne sota l'atac de Fogària. Necessitava veure'ls i saber com estaven.

~ * ~

En aquell mateix instant, com si Samah ho hagués pressentit, dos enamorats passejaven pel jardí del palau de Rocadocre.

Eren Daishan i Purotu, que, en absència de la Princesa del Desert, havien tingut molt de temps per coneixe's més bé. I aquest coneixement havia desembocat en una sintonia molt especial que aquell dia els havia empès a mirar-se els ulls i estrenye's les mans.

Purotu estava una mica avergonyit, però Daishan somreia feliç sentint com el seu cor jove bategava d'emoció.

Per això l'arribada inesperada i sobtada de Samah al tronc del baobab els va agafar per sorpresa, com dues criatures que enxampen menjant xocolata d'amagat.

Les seves mans es van separar de cop. Van abaixar la mirada i es van posar molt vermells.

—Veig que us heu fet molt amics —va dir Samah, amb les mans als malucs i contenint el somriure, que se li escapava.

—Sí, d'això..., estava ensenyant el jardí a Purotu.

—És clar. Però ara Purotu ha de tornar a Flordoblit.

Tots dos joves es van mirar amb una expressió espantada.

—Però és que jo... em vull quedar! —va dir el noi.

—Kalea et vol a casa. Ella ja hi ha tornat, com totes.

—I les bruixes? —va demanar Purotu, que se sentia gairebé culpable per no haver-ho preguntat de seguida.

—Fogària està fora de joc. El Bosc Vivent i els gels d'Arcàndida s'han salvat, i nosaltres també. Ha estat molt dur.

A Purotu li hauria agradat ser-hi present, per defensar el seu regne i per demostrar el seu valor. Però si hi hagués estat, no hauria conegut Daishan. I ara l'havia de deixar. No era just.

—Au, va, prepara't! Jo vaig a saludar l'Avi, tot i que m'imagino que el vent ja li deu haver portat les bones notícies.

Samah se'n va anar i va deixar sols Daishan i Purotu.

—Tornaràs? —li va preguntar ella amb llàgrimes als ulls.

—Sí, t'ho prometo.

Ella va somriure. I li va fer un petó a la galta.

Ell es va tornar a posar vermell. Es moria de ganes d'explicar-ho tot a Naehu. Segur que el seu germà escriuria una poesia meravellosa que després ell regalaria a Daishan.

Samah va tornar poc després.

—He tingut una idea —va dir—. Acompanyarem Purotu a casa. Si et ve de gust, Daishan...

—Oi tant que sí! —va exclamar; després es va adonar que hi havia posat massa entusiasme i es va corregir:— Vull dir que sí, amb molt de gust.

—Doncs anem passant. Tinc unes ganes horroroses de menjar una graellada de peix de les que fa Emiri —va dir la Princesa del Desert, somrient.

Purotu i Daishan la van seguir vorejant uns cactus fins al baobab on s'amagava el passatge.

Estava a punt de començar una nova aventura.

Ja sé que no m'hauria de deixar endur pel sentimentalisme, però què voleu que hi faci: sóc una romàntica incurable! M'entusiasmen les històries amb final feliç, com aquesta. I, a més, trobo que les princeses i els seus marits ja ho han passat prou malament. L'amenaça de veure que es fonien els gels i es cremava el meravellós Bosc Vivent... Més d'una vegada he pensat que no se'n sortirien. Però les princeses han estat molt valentes, sobretot la petita Iara. Vosaltres també creieu que està profundament enamorada del coratjós Vannak, oi? Heu vist com s'ha enfrontat a un gran perill per salvar-lo? Si això no és amor...

Però anem a les preguntes que encara no tenen resposta. I la primera de totes és: què se n'ha fet, de la Bruixa de les Flames? Quin és el seu secret? Sí, perquè Fogària, com Aquària abans que ella, ara es troba a les seves estances de Castelloblic en un estat que desperta moltes sospites. Sembla adormida, però no és un son normal. Tot fa pensar que es tracta d'un encanteri, d'una cosa que, ara com ara, no sabem explicar. Ni tan sols les altres Bruixes Grises saben què pensar. I temen que Ella se n'adoni.

Us deveu preguntar qui és Ella, oi? Bé, jo tampoc en sé gran cosa. Fins i tot és perillós cridar-la pel nom. Per això les bruixes n'hi diuen la Mai Anomenada. Només cal que sapigueu que és molt poderosa, molt més que les altres bruixes, que la temen i la respecten. A les masmorres del seu castell, hi té un presoner. Però la seva identitat encara és desconeguda. Podria ser Helgi. Però el somni de Nives ens ha fet comprendre que no es tracta d'ell. A més, cal tenir en compte el jaç que Nives i Gunnar han trobat sota terra.

Embolica que fa fort! D'ara en endavant, provarem de treure'n l'entrellat. Però, per aconseguir-ho, necessitarem coratge i sang freda. No sabem què ens portarà el futur. L'únic que sabem és que podem comptar els uns amb els altres. Aquesta és la nostra força.

Ja podeu recuperar les forces, perquè, ben aviat, us necessitaré per afrontar una nova aventura plena d'emocions i de cops d'efecte. Mentrestant, no us ha vingut una mica de gana? Oi tant! Sentiu aquesta flaire tan bona? Prové de Flordoblit, de la cuina per ser més exactes. Emiri ja prepara la seva llegendària graellada de peix. N'hi ha per llepar-se'n els bigotis, us ho prometo! Bé, jo m'assec a taula. Encara queden alguns seients lliures. Afanyeu-vos i bon profit!

Tea Stilton

ÍNDEX

Segona Part